SPIS TREŚCI

Zamiast wstępu • 7

Rozdział I: Co to znaczy dieta? • 15

Rozdział II: Zaraz, zaraz, czy ja mam nadwagę? • 23

Rozdział III: (Nie) wiem, ile jem • 37

Rozdział IV: Jak w zegarku • 63

Rozdział V: Napój życia i młodości • 105

Rozdział VI: Słodki wróg • 119

Rozdział VII: Zachowaj szczupłą sylwetkę • 143

Rozdział VIII: Leczenie przez jedzenie • 155

Rozdział IX: Sprzymierzeńcy kobiecości • 181

Rozdział X: Po zdrowie – marsz! • 191

Rozdział XI: Motywacja i inne sztuczki • 219

Rozdział XII: Przepisy • 239

Zakończenie • 273

Bibliografia • 278

Indeks • 280

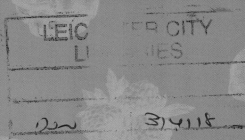

Dr n. med. Anna Lewitt „Jedzenie to leczenie"
Text copyright Anna Lewitt 2012
Copyright Wydawnictwo Rodzinne 2012

Koordynacja: Justyna Kucharska

Redaktor prowadząca: Małgorzata Olszewska

Korekta: Jolanta Bąk

Projekt okładki: Monika Naturska

**Projekt graficzny i skład książki oraz opracowanie
graficzne tabel i wykresów:** Sebastian Woźniak

Zdjęcie na okładce: Katarzyna Wala-Sułek

Zdjęcia w książce: Marcin Pytlowany, e-pyton.com

Wydawca:
Wydawnictwo Rodzinne
ul. Bohaterów Warszawy 17/9
43-300 Bielsko-Biała
biuro@wydawnictworodzinne.pl
www.wydawnictworodzinne.pl

Dystrybucja:
Harbor Point Sp. z o. o. Wydawnictwo Media Rodzina
ul. Pasieka 24, 61-657 Poznań, tel. 61 827 08 60, faks: 61 827 08 66
handlowy@mediarodzina.com.pl

Autorka i wydawca niniejszego poradnika dopełnili wszelkich starań, aby jego tekst był
rzetelny. Nie mogą jednak wziąć odpowiedzialności za jakiekolwiek skutki wynikające
z wykorzystania podanych w nim informacji.

W książce zastosowano krój pisma Lato 11/16 pt projektu Łukasza Dziedzica
www.latofonts.com

Wydanie pierwsze
Bielsko-Biała 2012

ISBN 978-83-63682-02-6

JEDZENIE TO LECZENIE

Wydawnictwo Rodzinne
Bielsko-Biała • 2012

Dr Lewitt nie tylko mówi nam, jak utrzym... dobrą for..., ...robi to z pasją. Ulegając jej namowom będziemy zdrowsi. A więc od jutra trochę ruchu, zmiany w diecie i sok z aronii. To działa.

Porad...
wiele pr... ...ble ... ...le i ruchu
tak niezwykle po... ...spo... ...Czytelnicy znajdą tam wytłumaczenie wielu zjaw... związanych z przemianą materii.

Prof. dr hab. med. Waldemar Karnafel
Katedra i Klinika Gastroenterologii i Chorób Przemiany Materii WUM

Do Polski dotarła już epidemia otyłości wśród dzieci i młodzieży; co piąte dziecko ma problemy z nadwagą a polskie nastolatki są w czołówce najbardziej otyłych i najmniej ruchliwych dzieci w Europie. To problem nie tylko estetyczny i psychologiczny, ale też zdrowotny. Z otyłością wiążą się groźne, rozpoczynające się już w dzieciństwie choroby takie jak nadciśnienie tętnicze, cukrzyca, zaburzenia gospodarki lipidowej. Dzieci przejmują nasz styl życia i nasze zwyczaje żywieniowe. Otyli rodzice to zwykle otyłe dziecko, a potem otyły dorosły. Jeśli chcemy mieć zdrowe dzieci, to w pierwszej kolejności my dorośli powinniśmy zmienić naszą niezdrową dietę, zadbać o aktywność fizyczną i włączyć do tego programu nasze dzieci. Książka dr Anny Lewitt może być dobrym przewodnikiem w tym procesie zmian dla zdrowia naszego i naszych dzieci.

Prof. dr hab. med. Wanda Kawalec
kardiolog dziecięcy

ZAMIAST WSTĘPU

ZAMIAST WSTĘPU

DROGA CZYTELNICZKO, DROGI CZYTELNIKU

Jeśli sięgacie po tę książkę, to znaczy że zaczęliście poważnie myśleć o swoim zdrowiu. Świetnie trafiliście! Nazywam się Anna Lewitt i jestem dietetyczką z doktoratem z zakresu żywienia. Na podstawie doświadczeń dziesiątek moich pacjentów oraz najnowszej wiedzy medycznej opracowałam autorski program „Skuteczne Odchudzanie", który z powodzeniem stosuję w swoim Centrum Treningu Osobistego i Dietetyki EGO.

Piszę tę książkę, bo nie chcę zatrzymywać swojej wiedzy tylko dla siebie i dla wybranej grupy ludzi. Chcę podzielić się nią także z wami.

Pozwólcie więc, że na początek opowiem wam pewną historię. Dotyczy ona jednego z najbardziej powszechnych problemów współczesnego życia. Łączy on kobiety i mężczyzn, młodszych i starszych. Oczywiście chodzi o nadwagę i otyłość.

Moja bohaterka, nazwijmy ją Anną, ma 35 lat, jest menedżerką w dużej firmie. Jest też żoną i matką dwójki dzieci. Odnosi sukcesy, ale ciężko na nie pracuje. Obowiązki, mnóstwo spotkań, dom, gotowanie dla rodziny, odrabianie lekcji z dziećmi – nic dziwnego, że nie ma kiedy pomyśleć o sobie. Rano brakuje jej czasu na śniadanie, w pracy w biegu łapie jakieś ciasteczko podczas konferencji. Wieczorem jest tak głodna, że podjada już w czasie gotowania kolacji, a potem oczywiście siada do stołu z całą rodziną. Tyje, ale nawet tego nie zauważa, bo jest tak zapracowana. Zresztą kilka dodatkowych kilogramów po urodzeniu dziecka to przecież normalne. Poza tym nigdy nie była wiotką blondynką, raczej kobietą o rubensowskich kształtach. Przywykła do swoich krągłości, choć niespecjalnie lubi przeglądać się w lustrze, bo widzi, jak ubrania coraz bardziej opinają jej sylwetkę.

W końcu jednak staje na wadze i spostrzega, że wskazówka zatrzymała się na 85 kg! Dla kobiety o wzroście

168 cm to zdecydowanie za dużo. Anna postanawia się odchudzać. Wyszukuje poradniki z dietami: niskokaloryczną, wysokobiałkową, rozdzielną... Nie je kolacji, zmniejsza porcje, odmawia sobie kulinarnych przyjemności i... ciągle jest głodna. W pracy nie może się skupić, zazdrości koleżankom z apetytem jedzącym lunch, a podczas służbowych spotkań myśli tylko o tych smakowitych babeczkach do kawy. W domu jak zwykle siada z rodziną do obiadu, ale teraz na talerz nakłada sobie tylko surówkę i odrobinę ryżu. W końcu nie wytrzymuje i w tajemnicy przed wszystkimi – dręczona wyrzutami sumienia – łapie słodką bułkę, którą zostawił syn. A potem jeszcze tylko malutki kawałek sernika. Naprawdę, już ostatni. Chodzi tylko o to, żeby tak strasznie nie ssało w żołądku.

Stop! Może ta historia coś wam przypomina? Może sami próbowaliście w ten sposób schudnąć, a jedyne, co wam pozostało z tego wysiłku, to wspomnienie straszliwego głodu i podenerwowania. Ja tę opowieść znam świetnie, bo Anna to w pewnym stopniu ja. Ale nie tylko – podobną opowieść słyszałam od wielu moich pacjentek...

Żyjemy w czasach, kiedy nadwaga i otyłość są prawdziwą plagą. Nic w tym dziwnego. Sięgamy przecież po wysoko przetworzone jedzenie, objadając się bez opamiętania. Nasz apetyt to w dużym stopniu efekt działań producentów żywności, którzy polepszają smak potraw sztucznymi, chemicznymi substancjami. Mamy przy tym coraz mniej ruchu, wszędzie jeździmy samochodem, a schody... to ten element budynku, o którym przypominamy sobie tylko w razie ewakuacji lub awarii windy. W efekcie tyjemy. Co gorsza, zaczynamy także chorować. Cukrzyca, nadciśnienie, choroba wieńcowa, niepłodność... Mam wyliczać dalej? To wszystko skutki złego, nieregularnego odżywiania i braku ruchu. Na szczęście nie wszystko stracone. W tym poradniku podpowiadam, jak można sobie pomóc. Przekazuję w nim swoją wiedzę na temat funkcjonowania organizmu, możliwości sterowania wagą dzięki zdrowemu jedzeniu i aktywności fizycznej oraz sposobów naprawienia strat, jakie powstały w ciągu lat stosowania źle zbilansowanej diety i bezczynności. Mnie się udało. Dzisiaj nie mam nadwagi, a wysportowana sylwetka i odpowiednia masa ciała są nagrodą za podjętą w porę decyzję o zmianie stylu życia. Od tego czasu pomogłam też wielu kobietom i mężczyznom, którzy przyszli do mojego centrum EGO. Ważyłam, mierzyłam, prowadziłam badania naukowe, układałam diety... Opracowując swój program „Skuteczne Odchudzanie", sięgnęłam do najnowszej wiedzy medycznej, ale też do kulinarnych zaleceń naszych babć. Zgromadziłam taką wiedzę na temat żywienia i funkcjonowania organizmu, że stała się ona podstawą mojej pracy doktorskiej. Wspomagam nie tylko leczenie nadwagi i otyłości, ale też chorób cywilizacyjnych, takich jak cukrzyca i nadciśnienie czy też niepłodność. Pracuję z pacjentami według swojej metody i większość osiąga znakomite rezultaty. Dlaczego teraz nie mielibyście spróbować także wy?

ROZDZIAŁ I

CO TO ZNACZY DIETA?

ROZDZIAŁ I

CO TO ZNACZY DIETA?

Przypuszczam, droga czytelniczko i drogi czytelniku, że nie lubisz słowa dieta. Pewnie kojarzy ci się z wyrzeczeniami, ssaniem w żołądku, nudnym liczeniem kalorii i niesmacznymi posiłkami. Uważasz ją za coś, co zabija radość życia – wyobrażasz sobie, że już nigdy nie weźmiesz do ust ukochanej kanapki czy młodych ziemniaków albo że będziesz pić tylko niesmaczną, gorzką kawę. Wszystko to dotyczy jednak restrykcyjnych i efektywnych tylko na krótką metę diet. Jeśli je stosujesz, to nic dziwnego, że po kilku tygodniach takich wysiłków poddajesz się i wracasz do dawnego sposobu żywienia. A wtedy wraca także dawna waga. Wyobraź sobie sprężynę – im mocniej ją rozciągniesz, tym szybciej wróci do pierwotnego kształtu, gdy ją puścisz. Podobnie jest z restrykcyjnymi dietami – im bardziej katujesz nimi swój organizm, tym szybciej wraca on do dawnego stanu, kiedy zaprzestaniesz wysiłków. Co więcej, niemal na pewno tych kilogramów będzie więcej niż przed rozpoczęciem „odchudzania", bo zazwyczaj smakołykami odbijasz sobie wcześniejsze wyrzeczenia.

Czy wiesz jednak, że starożytni Grecy zupełnie inaczej rozumieli słowo *dieta*? Używali je, ale to określenie nie brzmiało dla nich groźnie, oznaczało po prostu przyjęty styl żywienia, a nawet szerzej – styl życia. Ojciec medycyny, Hipokrates, za dietę uważał nie tylko zmianę zwyczajów żywieniowych, ale też ruch, sen, odpowiednie wyważenie pracy i odpoczynku. Można więc powiedzieć, że każdy z nas – nie tylko osoby odchudzające się – jest na diecie. Wszyscy mamy przecież ulubione dania, napoje, spożywamy posiłki w określonych godzinach, jesteśmy mniej lub bardziej aktywni. I do takiego właśnie, starożytnego rozumienia nawiązuję w swojej metodzie.

Proponuję zatem trwałą zmianę waszego stylu życia. Moja metoda wprawdzie przyniesie efekty już po dwóch miesiącach, ale tak naprawdę zależy mi na tym, żebyście na stałe zmienili swoje niezdrowe nawyki żywieniowe i stali się bardziej aktywni. Założenia diety są proste. W kolejnych rozdziałach podzielę się z wami swoją szczegółową wiedzą, ale już teraz mogę powiedzieć, że najważniejsze jest to, z czego i w jaki sposób przyrządzamy posiłki oraz z jaką częstotliwością je spożywamy. Jeśli przygotowujemy potrawy ze zdrowych produktów, ale jemy za dużo – dostarczamy organizmowi zbyt wielu kalorii i tyjemy. Jeśli liczymy kalorie, ale rezygnujemy z niektórych grup produktów, takich jak węglowodany, tłuszcze lub białko, możemy doprowadzić do niedoboru ważnych składników żywnościowych i zachorować. Natomiast gdy odpowiednio bilansujemy w diecie kalorie i składniki pokarmowe, ale jemy nieregularnie, organizm nie jest w stanie skorzystać z dobrodziejstwa posiłków. A nawet jeśli poprawnie wykonamy te wszystkie działania, musimy jeszcze zwrócić baczną uwagę na rodzaj obróbki termicznej, czyli wyeliminować smażenie na tłuszczu. Zbyt wysoka temperatura przyrządzania potraw niszczy niezbędne składniki, a tłuszcz – potrzebny skądinąd do zachowania zdrowia – staje się w tym przypadku szkodliwy. Poza tym wnosi dodatkowe kalorie, a nie o to nam przecież chodziło.

Oczywiście ten zdrowy sposób jedzenia, jaki polecam, wymaga pewnych wyrzeczeń, ale nie musi być mordęgą i cierpieniem. Wyjaśnię wam, drodzy czytelnicy, jak przyrządzać dobrze zbilansowane i smaczne posiłki. Pracowałam kiedyś jako szef kuchni, więc wiem coś o tym! Nie obawiajcie się też, że ta metoda żywienia będzie zbyt czasochłonna albo za droga. Czy wiecie, jak długo przygotowuje się zdrową kaszę? Wasza praca w kuchni to 10 minut gotowania. Potem wystarczy tylko schować garnek w ciepłe miejsce, gdzie kasza sama „dojdzie".

Moja dieta, w której wykorzystuję i zalecam rozmaite kasze, ryż, płatki, warzywa, chude mięso oraz nieliczne sezonowe owoce, jest niedroga. Koszt surowca, z którego mogą powstać dietetyczne potrawy, to około 10 zł dziennie. Co otrzymujecie w zamian? Nie tylko szczupłą atrakcyjną sylwetkę, ale i zdrowie. Proponowany przeze mnie sposób żywienia pomaga uchronić się przed chorobami cywilizacyjnymi, takimi jak cukrzyca, nadciśnienie, zawał i udar czy osteoporoza. Najważniejsze zostawiłam bowiem na koniec... Otóż jestem głęboko przekonana, bo mam dowody w postaci wyników badań naukowych, że jedzenie to leczenie! Proszę zapamiętać to zdanie, bo jest ono kluczowe podczas tej podróży, w którą was zabieram. Podróży do krainy urody, szczupłej sylwetki i zdrowia.

Co zapakujemy do bagażu podręcznego? Trochę pojęć naukowych, nieco wiedzy teoretycznej i sporo praktycznych porad.

ROZDZIAŁ II

ZARAZ, ZARAZ, CZY JA MAM NADWAGĘ?

ROZDZIAŁ II

ZARAZ, ZARAZ, CZY JA MAM NADWAGĘ?

Zacznijmy od często używanych słów, takich jak: nadwaga, niedowaga, norma, a także przedstawienia intrygującego, być może nowego dla wielu z was, pojęcia bioimpedancja.

Na początek małe ćwiczenie. Przypomnijcie sobie, jak często porównujecie swoją sylwetkę i wagę do innych wzorców. Kiedy ostatnio staliście przed lustrem, zamartwiając się, że nie ważycie tyle co ulubiona aktorka czy znana modelka albo że nie macie mięśni jak popularny sportowiec? Z kolorowej prasy dowiadujecie się, że ich główne parametry (masa ciała, obwody talii, bioder i biustu) odbiegają znacznie od waszych wymiarów. Załamujecie się... i w tym momencie popełniacie błąd. Nie bierzecie bowiem pod uwagę istotnych szczegółów, takich jak wzrost, proporcje mięśni czy tłuszczu. Dlatego zanim ulegniecie pokusie, by kierować się popkulturowymi wzorcami, dowiedzcie się, jak rzetelnie ocenić swoją sylwetkę i co brać pod uwagę przy określaniu prawidłowej masy własnego ciała.

W GĄSZCZU NORM

Istnieje kilka metod określania prawidłowej masy ciała. Nasze babcie i mamy obliczały ją bardzo prosto: wzrost w centymetrach minus 110. Oznacza to, że np. waga kobiety mierzącej 168 cm powinna wynosić 58 kg. Dziś najczęściej stosuje się bardziej precyzyjny wskaźnik, czyli BMI. Oznacza się go według następującego wzoru:

$$BMI = masa\ ciała\ (kg)\ /\ wzrost^2\ (m^2)$$

Jest to zatem stosunek masy ciała danej osoby do jej wzrostu podniesionego do kwadratu. Według danych Światowej Organizacji Zdrowia normy BMI ustalono następująco:

Tabela 1. Klasyfikacja BMI według WHO [2]

BMI [kg/m²]	
< 18,5	niska masa ciała
18,5-24,9	prawidłowa masa ciała
25-29,9	nadwaga
30-34,9	pierwszy stopień otyłości
35-39,9	drugi stopień otyłości
≥40	trzeci stopień otyłości z bezpośrednim zagrożeniem życia

Jak wartości BMI przekładają się na zdrowie? Otóż u osób z prawidłową masą ciała, czyli z BMI 18,5–24,9 kg/m², ryzyko pogorszenia się stanu zdrowia jest niewielkie, zwiększa się natomiast u osób z nadwagą, czyli z BMI wynoszącym 25–29,9 kg/m². Podatność na choroby wzrasta u kobiet w istotny sposób, gdy BMI przekracza 27,2 kg/m², a u mężczyzn – gdy wynosi ono więcej niż 27,8 kg/m². Podwyższone ryzyko zachorowania na schorzenia cywilizacyjne występuje u osób, których wartości BMI przekraczają 30–34,9 kg/m². Przy wskaźniku 35–39,9 kg/m² staje się ono już poważne. Przy BMI powyżej 40 kg/m² jest olbrzymie. W takich sytuacjach nie wystarczy już zwykłe odchudzanie, rezygnacja ze słodyczy albo zwiększenie aktywności fizycznej – konieczna jest pomoc lekarza.

Innym powszechnie stosowanym wskaźnikiem do oceny nadwagi czy otyłości jest iloraz obwodu talii i obwodu bioder – WHR (*waist-hip ratio*). U osób z wysokimi wartościami BMI pozwala on określić rodzaj otyłości. Gdy wskaźnik WHR dla kobiety przekracza 0,8, a dla mężczyzny jest wyższy niż 1,0, mówimy o typie otyłości wisceralnej tj. trzewnej (inaczej typu jabłko). Jest ona najgroźniejsza ze względu na możliwe powikłania zdrowotne. Jeżeli natomiast wskaźnik WHR u otyłych kobiet wynosi mniej niż 0,8, a u otyłych mężczyzn mniej niż 1,0, określa się to jako otyłość udowo-pośladkową (typu gruszka).

To podstawowe, matematyczne obliczenia, które pozwalają określić, czy mamy do czynienia z nadwagą lub otyłością. Nie są one jednak doskonałe. Pomiar obwodu talii i jego stosunku do obwodu bioder nie wskazują, jakie badana osoba ma proporcje tkanki tłuszczowej i mięśniowej oraz czy np. jest odwodniona. Również BMI nie daje wystarczających danych na temat metabolizmu człowieka lub stopnia zatrzymania wody w organizmie, a tym bardziej nie pozwala odpowienio skomponować diety. Dlatego w swojej poradni oprócz ustalenia tych dwóch wskaźników przeprowadzam badanie składu ciała metodą bioimpedancji elektrycznej.

ZA DUŻO, ZA MAŁO CZY W SAM RAZ?

Wiesz pewnie, jak wygląda kabel elektryczny – przewodnik, przez który przepływa prąd, otoczony jest izolacją zapewniającą bezpieczeństwo. To pomaga zrozumieć, jak zbudowane jest nasze ciało. „Przewodnik" to mięśnie, a „izolacja" – tkanka tłuszczowa, która chroni układ kostny i mięśniowy oraz magazynuje energię. Mięśnie przewodzą impuls elektryczny, tłuszcz stawia mu opór, a błona komórkowa ze względu na swoje właściwości fizyczne zachowuje się jak kondensator. Na tym zjawisku opiera się badanie metodą bioimpedancji elektrycznej, czyli biooporności. Jest ono całkowicie bezpieczne, przypomina nieco badanie EKG, a przeprowadza się je w dobrych poradniach dietetycznych i niektórych klubach fitness. Do ręki i nogi badanego przyklejane są elektrody, a przez ciało przepływa prąd o niskim natężeniu (mniej niż 1 mA) i częstotliwości 50 kHz. **Na podstawie otrzymanego podczas pomia-**

wyniku całkowitego oporu, jaki napotyka impuls elektryczny, po niezbędnych przekształceniach matematycznych i przy znanych parametrach antropometrycznych ciała można zebrać dane dotyczące całkowitej ilości wody w organizmie (w tym wewnątrz i zewnątrzkomórkowej), komórkowej masy ciała, ilości tkanki tłuszczowej i mięśniowej oraz beztłuszczowej masy ciała, a także oszacować podstawową przemianę materii. No dobrze, brzmi to ciekawie, ale właściwie w jakim celu warto wykonać to badanie? Dzięki tym danym można bardziej precyzyjnie przygotować skuteczny program dietetyczno-treningowy. A regularne, najlepiej comiesięczne monitorowanie składu ciała wzmocni waszą motywację do odchudzania i zdrowego żywienia, ponieważ...

Specjalista oceni komórkową masę waszego ciała, która definiuje jego jakość i wiek komórkowy, a zatem jest wyznacznikiem młodości.

Zobaczycie, jak następuje redukcja całkowitej masy ciała kosztem ubytku masy tłuszczowej, a nie mięśniowej.

Będziecie monitorować likwidację nadmiaru wody zewnątrzkomórkowej, który mógł objawiać się obrzękami, a nawet bólami głowy.

Dostrzeżecie, że odbudowują się wasze mięśnie (beztłuszczowa masa ciała)...

...a także, że następuje odbudowa komórkowej masy ciała (co często jest ważne u osób leczących niepłodność, a także w przypadkach niedożywienia)...

...a także zwiększa się podstawowe tempo metabolizmu.

Mam nadzieję, że są to wystarczające powody by skorzystać z tej metody diagnostycznej. Szczerze zachęcam, bo kilka minut tego badania potrafi bardzo dużo powiedzieć o waszym ciele!

OTYŁOŚĆ

Do mojej poradni przychodzą przede wszystkim osoby, które skarżą się na nadwagę lub otyłość. Należy rozróżnić te dwa pojęcia: z nadwagą mamy do czynienia, gdy BMI przekracza 25 kg/m², natomiast z otyłością – gdy jest wyższe niż 30 kg/m². Dla mnie jednak ważniejsze są inne parametry, a mianowicie ilość mięśni oraz tkanki tłuszczowej w całkowitej masie ciała. Innymi słowy to, co składa się na całkowitą masę człowieka (ciężar ciała). Dopiero ocena tych proporcji pozwala określić rodzaj problemu, z jakim mamy się zmierzyć wspólnie z pacjentem. Mogą one świadczyć o zwykłej otyłości lub o otyłości ukrytej, tzw. otyłości metabolicznej przy prawidłowej masie ciała. Obydwa rodzaje są niebezpieczne dla zdrowia i sprawiają, że dana osoba jest bardziej podatna na choroby cywilizacyjne, takie jak cukrzyca, choroba wieńcowa, nowotwory, nadciśnienie oraz wszystko, co związane jest z układem hormonalnym, w tym bolesne miesiączki czy niepłodność. Nie w każdym przypadku bezwzględnie zalecam odchudzanie. Jeśli ktoś ma sporą wagę, ale dużo mięśni i stosunkowo mało tłuszczu, a przy tym jest silny, sprawny, zadowolony z własnego ciała i w ogólnym rozrachunku szczęśliwy, czemu miałby taki nie pozostać? Uprzedzam jednak, że to niezbyt liczne przypadki.

Otyłość przy prawidłowej masie ciała (NWO – *Normal Weight Obesity*) – jako wstęp do otyłości metabolicznej przy prawidłowej masie ciała (MONW – *Metabolically Obese Normal–Weight Individual*).

O tym, jak potrafią zawodzić parametry BMI, może opowiedzieć pewna grupa pacjentów, którzy przychodzą do mojej poradni. Obiektywnie są szczupli, ich BMI plasuje się wręcz w dolnych granicach normy. Zawsze jednak, zwłaszcza gdy dotyczy to kobiet, coś im przeszkadza we własnym ciele – a to niezbyt jędrne ramiona, a to cellulit na udach czy fałdka na brzuchu... Niekiedy zdarza się nawet, że pacjentki czują się grube i nikt, i nic – nawet najlepsze lustro – nie potrafi ich przekonać, że jest inaczej. Jeśli i ty skarżysz się na podobne objawy, jest duże prawdopodobieństwo, że tak jak moi pacjenci, masz nadwagę (lub otyłość) przy prawidłowej masie ciała. W takiej sytuacji zawartość tkanki tłuszczowej w ciele przekracza 30–35%, natomiast zawartość tkanki beztłuszczowej jest niższa niż odpowiednio 70–65% (głównie z powodu redukcji masy mięśniowej). Oznacza to, że nawet osoba o prawidłowej masie ciała jest tak samo, a nawet bardziej, podatna na choroby serca czy cukrzycę jak ludzie „zwyczajnie" otyli. Tego rodzaju nieprawidłowość może stanowić wstęp do rozwoju powikłań charakterystycznych dla otyłości. Otyłość metaboliczna przy prawidłowej masie ciała (MONW), charakteryzuje się prawidłową wartością wskaźnika BMI (>24,9 kg/m^2), i odsetkiem tkanki tłuszczowej przekraczającym 35%. Muszą zostać również spełnione minimum trzy warunki z wymienionych poniżej:

- niska beztłuszczowa masa ciała,
- podwyższony depozyt tłuszczu trzewnego,
- insulinooporność i wywołana przez nią hiperinsulinemia,
- podwyższone stężenie triglicerydów we krwi powyżej 150 mg/dl,
- podwyższona wartość ciśnienia tętniczego skurczowego i rozkurczowego.

To nie wszystko – nadwaga przy prawidłowej masie ciała bardzo często wiąże się z… niedożywieniem. To niezwykłe, ale cierpi na nie wiele osób, dziś, w XXI wieku, w centrum Europy. Jaka jest jego przyczyna?

Tego rodzaju nadwaga czy otyłość przy prawidłowej masie ciała nie wynika z nadmiernego przejadania się, ale z nieodpowiedniej podaży energetycznych składników pokarmowych. To z kolei rezultat braku staranności przy komponowaniu codziennych posiłków. Najczęściej spotykany problem to spożywanie nadmiaru wyrobów z wysoko przetworzonej mąki, słodkich napojów, słodyczy, a także nadmiernej ilości owoców zamiast pełnowartościowego posiłku. Inny problem to dostarczanie zbyt dużej ilości białka w jednym posiłku. Łatwo popełnić ten błąd, jedząc jeden duży, wysokobiałkowy posiłek, którego organizm nie jest w stanie jednorazowo przyswoić. Mógłby natomiast pobrać wszystkie potrzebne mu składniki, gdybyśmy tę wielką porcję rozłożyli na trzy małe porcyjki. Oczywiście posiłki powinny być podane regularnie w odpowiednich odstępach czasu, np. trzygodzinnych. Nie mniej ważnym problemem oprócz porcjowania białka i nadmiaru węglowodanów jest bowiem ogólnie nieracjonalny sposób żywienia, czyli spożywanie zbyt małej ilości posiłków w ciągu dnia, w za długich odstępach czasu. Często zdarza się również, że dania te są nieracjonalnie obfite, z nadmiarem tłuszczu i węglowodanów. Takim źle skomponowanym daniem, które jednak powszechnie uważa się za pełnowartościowe, jest głęboki talerz makaronu z pszennej oczyszczonej mąki, polanego obficie tłuszczem, na którym uduszono warzywa. Ta potrawa zawiera śladowe ilości białka, a pozostałe składniki sprawiają że jest mało wartościowa, za to wysokokaloryczna.

Nieregularne posiłki, zbyt duże przerwy między nimi, brak odpowiedniej jakości białek, węglowodanów, tłuszczów, witamin i składników mineralnych w codziennym żywieniu – konsekwencją mogą być stany chorobowe, niedożywienie, a także nadwaga i otyłość. Niewłaściwy sposób żywienia sprawia, że organizm na wypadek głodu odkłada zasoby w postaci tkanki tłuszczowej. Z drugiej strony, jeśli nie dostarczamy na czas odpowiedniego pożywienia, mózg zaczyna zabierać potrzebne do życia składniki innym organom, przede wszystkim mięśniom, a brak ruchu dopełnia dzieła. Pogłębia się niedożywienie, czego przejawem jest spadek komórkowej masy ciała, redukcja tkanki mięśniowej, kostnej oraz innych tkanek. Mamy mniej siły, mięśnie zanikają, zużywają mniej składników energetycznych, a tym samym pozyskują mniej energii (kalorii) i koło się zamyka. W naszym ciele powstaje prawdziwy zamęt: ważymy mało, ale jesteśmy otyli, a jednocześnie niedożywieni. Dlaczego tak się dzieje? Za wszystko odpowiedzialna jest przemiana materii.

ROZDZIAŁ III

(NIE) WIEM,
ILE JEM

ROZDZIAŁ III

(NIE) WIEM, ILE JEM

Uczestnicy mojego programu „Skuteczne Odchudzanie",
pytani o samopoczucie, często przywołują pojęcie metabolizmu. Zazwyczaj słyszę od nich o słabej przemianie
materii – w ich opinii stanowi ona przyczynę nadmiernego tycia. Najwyższy czas zatem, by wyjaśnić i zde-

finiować, co to jest metabolizm. To nasz kolejny krok w podróży, ta wiedza przyda się również w codziennym funkcjonowaniu według zdrowych zasad.

METABOLIZM

PODSTAWOWA PRZEMIANA MATERII (PPM)

Wyobraź sobie, że przez 24 godziny leżysz w łóżku i nic nie robisz: nie ruszasz się, nie myślisz, jedynie odpoczywasz albo śpisz. Marzenie, prawda? Nie zamierzam cię tu jednak namawiać do słodkiego lenistwa, ale podając ten przykład, chcę wyjaśnić, na czym polega podstawowa przemiana materii. Otóż wszystko, co zjesz – materia – w twoim organizmie zamienia się w energię. Organizm, nawet gdy jest pogrążony w głębokim śnie, potrzebuje jej, aby przetrwać i regenerować siły. Tobie bowiem może się wydawać, że nic nie robisz, ale tak naprawdę w środku praca wre: serce pompuje krew, płuca dostarczają tlen, wątroba usuwa toksyny, a wszystkim zawiaduje mózg. Aby narządy mogły prawidłowo funkcjonować, muszą otrzymać paliwo. Jego ilość, czyli liczba kalorii potrzebnych do przeżycia, to właśnie podstawowa przemiana materii (PPM).

SPRYTNE NARZĄDY / MÓZG WOŁA JEŚĆ!

Zapotrzebowanie kaloryczne zależy od kilku czynników, m.in. wzrostu i masy ciała, wieku, płci oraz stopnia odżywienia komórek. Te parametry poznaliśmy podczas badania metodą bioimpedancji elektrycznej. To jednak nie koniec obliczeń, teraz bardziej szczegółowo przyjrzymy się pracy ciała. Poszczególne organy są bowiem na tyle zmyślne, że zabierają na swoje potrzeby jakąś część dostarczanej energii. I tak np. u kobiet serce potrzebuje 440 kcal na 1 kilogram swojej masy, aby mogło przetrwać i pompować krew przez 24 godziny. Ponieważ waży 300 g, łatwo wyliczyć, że w ciągu doby musi otrzymać 130 kcal. Wątroba potrzebuje dobowo 200 kcal na 1 kilogram swojej masy. Przy wadze kobiecej wątroby ok 1,5 kg, zapotrzebowanie energetyczne wynosi ok. 300 kcal na dobę. Wpływ na podstawową przemianę materii mają też mięśnie. Ich ilość i jakość określa stan organizmu oraz decyduje o naszej przemianie materii. W ciągu doby potrzebują 13 kcal na 1 kilogram swojej masy..

Największym pożeraczem energii jest jednak mózg! Aby przetrwać i funkcjonować (bez myślenia), potrzebuje 240 kcal na kilogram swojej masy na dobę. Waży ok. 1,3 kg, co sprawia, że jego zapotrzebowanie energetyczne na bierne funkcjonowanie przez 24 godziny wynosi 310 kcal. Widać wyraźnie, że spośród wszystkich organów to on jest najbardziej „łakomy". Gdy dostarczamy organizmowi mniej kalorii, niż wynosi nasze podstawowe zapotrzebowanie energetyczne, mózg radzi sobie w ten sposób, że „odcina" dopływ energii do poszczególnych organów, a zaoszczędzone w ten sposób pożywienie zabiera dla siebie! Żywi się przede wszystkim glukozą, potrafi więc – na przykład w chwilach szczególnego stresu, przemęczenia czy niedożywienia – zablokować jej dopływ do tkanek, aby móc się „posilić". Nic dziwnego, mózg stanowi przecież centrum dowodzenia organizmu, dlatego przy skrajnym niedożywieniu jest w stanie odciąć od pożywienia większość organów, by przetrwać. W krańcowej sytuacji, gdy nie może już funkcjonować, „wyłącza się" jak komputer przechodzący w stan czuwania, czyli zapada w śpiączkę, by uchronić się przed samozniszczeniem.

Względne tempo metabolizmu wybranych narządów wewnętrznych wyrażone w kcal/kg/dzień

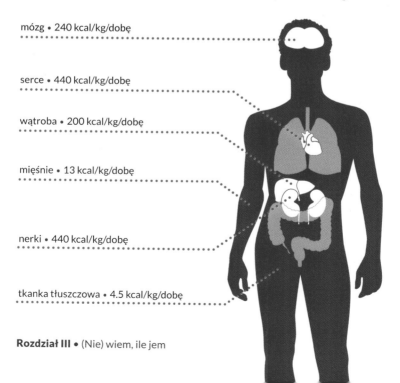

mózg • 240 kcal/kg/dobę

serce • 440 kcal/kg/dobę

wątroba • 200 kcal/kg/dobę

mięśnie • 13 kcal/kg/dobę

nerki • 440 kcal/kg/dobę

tkanka tłuszczowa • 4.5 kcal/kg/dobę

Rozdział III • (Nie) wiem, ile jem

Po co o tym opowiadam? Po to, by dokładniej przyjrzeć się temu, co i kiedy spożywasz.. Doskonale wiadomo, że nie wszystkie organy potrzebują składników pokarmowych w takich samych proporcjach. Paliwem dla serca są przede wszystkim kwasy tłuszczowe. Wątrobie muszą być dostarczane węglowodany, aby mogła zamieniać je w glikogen potrzebny jako zapasowe paliwo dla mięśni. Układ odpornościowy nie będzie wydolny bez białka. A wszystkie komórki organizmu wymagają ponadto witamin, składników mineralnych oraz innych związków, np. polifenolowych zawartych w warzywach, owocach i ziołach. Jeśli nie dostarczysz organizmowi właściwych składników, to nawet jeżeli bilans kaloryczny będzie prawidłowy, narządy nie będą dobrze pracować. To tak, jakby wlać do baku auta benzynę lotniczą. Choć to paliwo najwyższej klasy, samochód na nim nie pojedzie i prawdopodobnie trzeba będzie szukać mechanika. Równie zgubne byłyby skutki zastąpienia płynu hamulcowego płynem do wycieraczek. Ciało funkcjonuje w analogiczny sposób. Potrzebuje ono budulca (białka i częściowo tłuszczu), energii (tłuszczu i węglowodanów), a także wody, o której jeszcze napiszę, bo to ważny element diety, oraz witamin i składników mineralnych.

CAŁKOWITA PRZEMIANA MATERII (CPM)

CPM jest to całkowity poziom przemian energetycznych w organizmie, powodujących że żyjemy. Jest to całkowita energia, którą wydatkujemy na funkcjonowanie naszego organizmu w spoczynku, ale też i na dodatkową pracę. Inaczej mówiąc, są to kalorie potrzebne na bierne przetrwanie plus te, które przeznaczamy na codzienne czynności – pracę umysłową i fizyczną. Mózg – znany łakomczuch – zużywa 30% dziennej podaży energii, mięśnie potrzebują tym więcej kalorii, im bardziej człowiek jest aktywny. Całkowitą przemianę materii (CPM) można łatwo obliczyć: to PPM mnożona przez współczynnik aktywności fizycznej. „Normy żywienia człowieka" (Mirosław Jarosz, Barbara Bułhak-Jachymczyk, Wydawnictwa Lekarskie PZWL, Warszawa 2008) podają sześć wartości tego współczynnika (ang. Physical Activity Level – *PAL*): od 1,4 do 2,4 w zależności od poziomu aktywności fizycznej. Gdy przemnożymy je przez liczbę kalorii otrzymaną z wyliczeń podstawowej przemiany materii (PPM x PAL), uzyskamy CPM.

Przypuszczam, że w tym miejscu analizujesz i określasz swoją aktywność fizyczną jako średnią lub wysoką, zwłaszcza jeśli od czasu do czasu ćwiczysz lub spacerujesz. Godzina ruchu dziennie to jednak nie wyczyn, ale absolutne minimum! Pomyśl, jak sto lat temu żyli nasi pradziadkowie. Nieraz od wschodu do zachodu słońca pracowali w polu, nosili wodę, rąbali drewno albo ręcznie prali całe góry bielizny. Co ja mówię – nawet trzydzieści lat temu nasi rodzice musieli więcej chodzić, bo samochodów było mniej, a komunikacja trudniejsza. W domu też bez przerwy byli w ruchu (choćby po to, by odebrać telefon, musieli przejść parę metrów do przedpokoju). Dziś natomiast wsiadamy do samochodu w garażu pod domem, wysiadamy na parkingu przed pracą, a zakupy robimy w centrum handlowym, do którego wjeżdżamy ruchomymi schodami. Komórka oczywiście cały czas leży pod ręką. Większość z nas ma zatem niski współczynnik aktywności fizycznej.

Obliczmy zatem spoczynkowy metabolizm:

Może będzie nam łatwiej zrozumieć za pomocą obliczeń matematycznych, ile kalorii dziennie musimy spożyć, aby zapewnić organizmowi energię na podstawowe funkcje życiowe. Mówi się, że dietetyka to arytmetyka. Skorzystajmy zatem z jednej z metod szacowania PPM na podstawie wzorów Harrisa i Benedicta. Następnie obliczymy całkowite zapotrzebowanie na kalorie (CPM), na które składa się PPM, termogeneza oraz wydatek energetyczny na dzień, czyli na pracę umysłową i fizyczną, w tym ewentualny sport.

PPM dla kobiety: $665{,}09 + (9{,}56 \times MC) + (1{,}85 \times H) - (4{,}67 \times A)$

A – wiek w latach

H – wzrost w centymetrach

MC – masa należna ciała (waga w kilogramach)

Liczby występujące w powyższym wzorze zostały wyznaczone na podstawie badań medycznych. A jak wyznaczyć naszą prawidłową masę ciała MC?

W przypadku gdy nasz wzrost nie przekracza 164 cm, to masę ciała (MC) wstawianą do wzoru obliczamy w następujący sposób:

- od wzrostu w centymetrach odejmujemy 100; MC=164-100=64 (nasza waga powinna wynosić 64 kg),
- przy wzroście w granicach od 165 cm do 174 cm należy odjąć 105, np. MC=165-105=60 kg
- przy wzroście powyżej 174 cm należy odjąć 110, czyli dla osoby o wzroście 175 cm MC=175-110=65 kg.

Uzyskane wielkości nie uwzględniają jednak różnic związanych z fenotypem – budową ciała krępą, przeciętną lub szczupłą.

Można samodzielnie dokonać obliczeń **PPM** (Podstawowej Przemiany Materii), wykorzystując podany wzór.

Weźmy za przykład kobietę w wieku 38 lat o masie ciała 55 kg i wzroście 165 cm, pracującą za biurkiem i ćwiczącą maksymalnie 3 razy w tygodniu z umiarkowaną intensywnością.

Przykładowe wyliczenie zapotrzebowania na kalorie dla kobiety: wiek=38 lat, wzrost=165 cm, waga=55 kg (waga jest niższa niż 60 kg, wpiszmy zatem jej faktyczną

MC=55kg do wzoru; jednak w tym wypadku zaleciłabym wykonanie badania składu ciała, aby sprawdzić, czy tak niska masa ciała, choć ciągle prawidłowa (BMI=20kg/m^2), nie jest skutkiem zbyt niskiej masy mięśniowej, co może mieć związek z niedożywieniem):

PPM=665,09+525,8+305,25-177,46=1318.68 kcal

Policzmy CPM=1319 kcal [PPM] x 1,4 [współczynnik aktywności]=1847 kcal. Tyle wynosi całkowita przemiana materii naszej przykładowej bohaterki i takiej liczby kalorii dziennie nie powinna przekraczać, jeżeli nie chce przytyć.

Można zrezygnować z samodzielnych obliczeń PPM, i odczytać podstawową przemianę materii z wygodnych w użyciu tabel obrazujących zapotrzebowanie kaloryczne Polaków w zależności od płci i wieku (tabele te zaczerpnęłam z książki „Normy żywienia człowieka", Mirosław Jarosz, Barbara Bułhak-Jachymczyk, Wydawnictwa Lekarskie PZWL, Warszawa 2008).

Aktualne normy na energię dla ludności Polski: **normy dla kobiet (kcal/dobę)**

Grupa wiek (lata)	Masa Ciała (kg)	PPM (kcal/dobę)	Aktywność fizyczna (PAL)*					
			1,4	1,6	1,75	2,0	2,2	2,4
19–30	45	1170	1650	1850	2050	2350	2600	2800
	50	1250	1750	2000	2200	2500	2750	3000
	60	1380	1900	2200	2400	2750	3050	3300
	70	1540	2150	2650	2700	3100	3400	3700
	80	1680	2350	2700	2950	3350	3700	4000
31–50	45	1215	1700	1950	2100	2450	2700	2900
	50	1250	1750	2000	2200	2500	2750	3000
	60	1320	1850	2100	2300	2650	2900	3200
	70	1400	1950	2250	2450	2800	3100	3350
	80	1520	2100	2450	2650	3050	3350	3650
51-65	45	1170	1650	1850	2050	2350	2600	2800
	50	1200	1700	1900	2100	2400	2650	2900
	60	1260	1750	2000	2200	2500	2800	3000
	70	1330	1850	2100	2300	2650	2900	3200
	80	1440	2000	2300	2500	2900	3150	3450
66-75	45	1080	1500	1700	1900	2150	2350	
	50	1100	1550	1750	1950	2200	2400	
	60	1200	1700	1900	2100	2400	2650	
	70	1260	1750	2000	2200	2500	2800	
	80	1360	1900	2100	2400	2700	3000	
>75	45	1080	1450	1650	1850	2100	2300	
	50	1100	1500	1700	1900	2150	2350	
	60	1200	1650	1850	2050	2350	2600	
	70	1260	1700	1950	2150	2450	2750	
	80	1300	1850	2050	2350	2650	2950	

Aktualne normy na energię dla ludności Polski: normy dla kobiet (kcal/dobę)

Grupa wiek (lata)	Masa Ciała (kg)	PPM (kcal/ dobę)	Aktywność fizyczna (PAL)*					
			1,4	1,6	1,75	2,0	2,2	2,4
Ciąża 2 trymestr			+360kcal/dobę					
3 trymestr			+475kcal/dobę					
Laktacja 0-6 mies.			+505kcal/dobę					

* (ang. Physical Activity Level – PAL)

Aktualne normy na energię dla ludności Polski: normy dla mężczyzn (kcal/dobę)

Grupa wiek (lata)	Masa Ciała (kg)	PPM (kcal/ dobę)	Aktywność fizyczna (PAL)*					
			1,4	1,6	1,75	2,0	2,2	2,4
19–30	50	1450	2000	2300	2550	2900	3200	3500
	60	1620	2250	2600	2850	3200	3550	3900
	70	1750	2450	2800	3050	3500	3850	4200
	80	1920	2700	3100	3350	3800	4200	4600
	90	2070	2900	3300	3600	4150	4550	4950
31–50	50	1450	2000	2300	2550	2900	3200	3500
	60	1560	2200	2500	2750	3100	3450	3750
	70	1680	2350	2700	2950	3350	3700	4000
	80	1760	2450	2800	3100	3500	3900	4200
	90	1890	2650	3000	3300	3800	4150	4500

Aktualne normy na energię dla ludności Polski: **normy dla mężczyzn (kcal/dobę)**

Grupa wiek (lata)	Masa Ciała (kg)	PPM (kcal/dobę)	Aktywność fizyczna (PAL)*					
			1,4	1,6	1,75	2,0	2,2	2,4
51–65	50	1300	1800	2100	2300	2600	2900	3100
	60	1440	2000	2300	2500	2900	3150	3450
	70	1540	2150	2450	2700	3100	3400	3700
	80	1600	2200	2550	2800	3200	3500	3850
	90	1710	2400	2750	3000	3400	3800	4100
66–75	50	1150	1600	1850	2000	2300	2500	
	60	1320	1850	2100	2300	2650	2900	
	70	1400	1950	2250	2450	2800	3100	
	80	1520	2100	2450	2650	3050	3350	
>75	50	1150	1500	1750	1900	2200	2400	
	60	1320	1750	2000	2200	2550	2800	
	70	1400	1850	2150	2350	2700	3000	
	80	1520	2000	2300	2550	2950	3250	

* (ang. Physical Activity Level – PAL)

Polecam zaopatrzenie się w tabele kaloryczne. Zachęcam do skorzystania z pozycji „Wartość odżywcza wybranych produktów spożywczych i typowych potraw" (Hanna Chunakowicz, Irena Nadolna i inni, PZWL, Warszawa 2005). Ponadto w sklepie polecam sprawdzać na opakowaniach nie tylko kaloryczność, ale także zawartość składników odżywczych w kupowanych produktach.

KILKA SŁÓW OD GENÓW

Matematyczne rachunki to jednak nie wszystko. Nie żyjemy według ustalonych wcześniej wzorów – różnimy się od siebie i to jest piękne. Ta zasada dotyczy również naszych procesów życiowych, w tym metabolizmu. W zależności od budowy ciała i stopnia przyswajania składników odżywczych można bowiem wyróżnić trzy typy ludzi.

ENDOMORFIK, EKTOMORFIK, MEZOMORFIK

ENDOMORFIK

Osoba tego typu charakteryzuje się masywną budową ciała, rozłożystym i grubym szkieletem oraz wolnym metabolizmem. Ma z reguły dużą masę zarówno mięśniową, jak i tłuszczową, cechuje ją też zwiększona skłonność do tycia. Jeśli więc można cię określić jako osobę raczej tęgą i potrzebujesz dłuższego niż standardowy paska do zegarka, to na pewno jesteś endomorfikiem.

U endomorfika zarówno „przepustowość", jak i aktywność trawienna układu pokarmowego są zdecydowanie niższe niż u innych typów. Optymalny dla niego pokarm powinien być nieobciążający. Węglowodany powinien wybierać przede wszystkim złożone takie jak: kasze, ziemniaki w mundurkach czy ryż. Dominującym składnikiem pokarmowym w diecie endomorfika powinno być lekkostrawne białko, ponieważ powoduje największe przyśpieszenie metabolizmu. Strawienie ilości białka o wartości energetycznej 100 kcal „kosztuje" nas 20% tejże energii, czyli 20 kcal, na tę samą ilość energii z węglowodanów organizm zużywa ok. 12 kcal a z tłuszczów tylko 5 kcal. Dlatego powinien wybierać mięsa typu: filet z indyka czy kurczaka, udziec z indyka oraz ryby. Aby dieta była wysokobiałkowa ale niskotłuszczowa, warto wzbogacać ją białkami z jaj. Tłuste, czerwone mięsa, nawet zdrowa wołowina oraz inne wysokotłuszczowe produkty powinny być ograniczone do minimum. Ze względu na ich długi czas trawienia, istnieje niebezpieczeństwo, że tego typu pokarmy popsują się w jelitach, przez co wytworzą się substancje trujące. Substancje te mogą stać się groźne dla zdrowia endomorfika, a także powodować dalsze spowolnienie przemiany materii.

U endomorfików perystaltyka jelit jest wolniejsza niż u ektomorfików, mogą oni mieć skłonności do zaparć. Warto zatem wzbogacić potrawy błonnikiem pokarmowym, np. otrębami i nie zapominać o lekkostrawnym ale jednocześnie wysokobłonnikowym ciemnym ryżu. W skład diety endomorfika winny wejść węglowodany (cukry) o małej liczbie cząsteczek w łańcuchu. Tego rodzaju węglowodany nie są trawione w jelicie cienkim, ale przechodzą do jelita grubego w niezmienionej formie. Należą do nich cukry znajdujące się w wielu roślinach, takich jak: cykoria, karczochy, fasola, czosnek, które zawierają inulinę – włókno pokarmowe pochodzenia roślinnego, błonnik chroniący nasze jelito przed infekcjami spowodowanymi bakteriami gnilnymi. Inulina jest naturalnym prebiotykiem, który wspomaga odtruwanie organizmu i pomaga w usuwaniu zaburzeń jelitowych, wpływając na utrzymanie prawidłowej, probiotycznej flory jelitowej (wzrost pożytecznych bakterii, szczególnie bifidobakterii). Endomorfik powinien unikać alkoholu, napojów słodzonych, soków, nadmiaru owoców, które można dodawać jedynie do pierwszego śniadania. Nie powinien też podjadać między posiłkami.

Osoby z wolną przemianą materii potrzebują też zwiększonych dawek pewnych witamin i składników mineralnych. Ze względu na naturalną skłonność do dużego spożycia warzyw i owoców przez endomorfików, nie jest niezbędna suplementacja antyoksydantami i witaminą A. Dieta o niskiej zawartości tłuszczu wywołuje za to zwykle niedobór witamin z grupy B, które są niezbędne do efektywnego metabolizmu. Zaleca się więc suplementację witaminami B1, B3, B6, B9 (kwas foliowy) i witaminą B12, które występują głównie w mięsie, a brakuje ich w warzywach. Witamina C powinna być przyjmowana w dawce ok. 1–2 g dziennie. Ze składników mineralnych szczególnie ważne są: cynk, chrom i mangan – nie należy dopuścić do ich niedoboru. Można też zalecić suplementację enzymami trawiennymi takimi jak:

- amylazy, diastazy – grupa enzymów rozkładających skrobię i inne cukry,
- proteazy, enzymy proteolityczne – wspomagają trawienie białek,
- lipazy – grupa enzymów wspomagających rozkład tłuszczów,
- pankreatyna – wspomaga czynność układu pokarmowego ułatwiając procesy trawienia i wchłaniania białek, skrobi i tłuszczów.

EKTOMORFIK

Ten typ charakteryzuje się bardzo szczupłą, wątłą budową ciała, niewielką ilością tkanki tłuszczowej oraz szybkim metabolizmem. Jego szkielet jest stosunkowo delikatny i lekki, a kości mają mniejsze obwody. Ludzie ci bywają szczupli i wytrzymali. Jak stwierdzić, czy reprezentujesz ten typ budowy ciała? Po prostu stań przed lustrem i z odrobiną obiektywizmu popatrz na swoje odbicie. Jeżeli spogląda na ciebie wątły chudzielec – to już odpowiedziałeś sobie na to pytanie.

Ektomorficy dzięki szybkiej przemianie materii mają dobrą perystaltykę jelit i relatywnie dużą aktywność soków trawiennych, oraz szybki pasaż jelitowy. Powinni spożywać dużo białka i węglowodanów złożonych. Węglowodany proste (zawarte w owocach czy też słodyczach – napiszę o nich więcej w następnym rozdziale) bardzo szybko przechodzą przez organizm, co prowadzi do niedostatecznego zaopatrzenia ciała w energię i rychłego ponownego uczucia głodu. Osoby typu ektomorficznego mogą jednak mimo to mieć skłonność do nadwagi, ponieważ ze względu na spore wahania poziomu cukru we krwi i większe łaknienie zdarza się, że jedzą zbyt dużo.

Wysoka „przepustowość" przewodu pokarmowego sprawia, że mogą zostać rozłożone i wchłonięte tylko małe ilości białka. Większość białek pobranych z pożywieniem zostaje wydalona bez wykorzystania. U ektomorfików w związku z tym zdecydowanie wolniej przyrasta masa mięśniowa. Zaleca się więc, żeby osoby obdarzone fizjonomią ektomorfika zaspokajały zwiększone zapotrzebowanie organizmu na składniki odżywcze przy pomocy suplementów diety. Dobrej jakości produkty, np. izolat białka serwatki, mogą zostać całkowicie rozłożone i wchłonięte pomimo krótkiego pobytu w przewodzie pokarmowym. Ektomorficy – którzy mają naturalne tendencje do spożywania dużych ilości mięsa – nie muszą natomiast suplementować się witaminami z grupy B, warto jednak oznaczyć we krwi poziom tych składników (zwłaszcza B6, B9 i B12), bo ich zbyt niski poziom predysponuje do choroby wieńcowej. Warto natomiast przyjmowali witaminę A w formie beta-karotenu, bo tendencja do jedzenia dużej ilości mięsa może powodować jej niedobór. Zalecana jest również suplementacja witaminami C i E oraz substancjami lipotropowymi, takimi jak biotyna, inozytol, cholina. Dzięki nim organizm będzie m.in. lepiej metabolizował zwiększoną ilość tłuszczów z pożywienia.

MEZOMORFIK
To ktoś, komu można pozazdrościć

Ma cechy sylwetki i metabolizmu pośrednie między ektomorfikiem a endomorfikiem, ciało o atletycznej i proporcjonalnej budowie, średnie tempo przemiany materii i tendencję do łatwego zwiększania masy mięśniowej. Długie kończyny, wąskie biodra, szerokie barki, korpus w kształcie litery V, a w przypadku kobiety X – oto podstawowe cechy mezomorficznego typu budowy ciała. Ten typ budowy trafia się najrzadziej i większość z nas może o tym, niestety, tylko pomarzyć. Ludzie zazwyczaj mają skłonności do szybszej lub wolniejszej przemiany materii. Mezomorficy potrzebują zbilansowanej diety, w której powinno się znaleźć ok. 25–30% białka, 50–55% węglowodanów oraz 15–20% tłuszczów.

A oto podstawowe produkty, jakie powinni spożywać ludzie z różną budową ciała i różnym metabolizmem. Ułożono je w kolejności od najbardziej wartościowych dla danego typu.

Typ **Endomorfik** – osoby z wolną przemianą materii
Owoce, warzywa, makaron z mąki z pełnego przemiału na bazie jaj, ziemniaki, ryby, drób, surówki, przetwory mleczne oraz mleko, pieczywo pszenno-żytnie, owoce suszone, mięso gotowane, płatki mieszane z nasionami typu musli.

Typ **Mezomorfik** – średnie tempo przemiany materii
Ryż, ziemniaki, makaron, mieszane pieczywo, płatki mieszane z nasionami typu musli, warzywa, owoce, ryby, drób, mięso, mleko i przetwory mleczne, surówki.

Typ **Ektomorfik** – szybki metabolizm
Surówki, mięso również lekko smażone, drób, ryż, ziemniaki, chleb pełnoziarnisty, płatki mieszane z nasionami typu musli, jaja, orzechy, jabłka, mleko i przetwory mleczne, makaron.

Typ budowy ciała dostajemy w prezencie od matki natury – choćbyśmy nawet bardzo się starali, nie możemy go zmienić. Możemy jednak działać tak, by sobie pomóc lub – niestety – zaszkodzić. Nawet ektomorfik, który będzie spożywał za dużo słodyczy, może mieć nadwagę i zacząć chorować. Z drugiej strony, systematyczne treningi i odpowiednio dobrana dieta sprawią, że tęższa z natury osoba będzie oszałamiać swoim wyglądem. Wystarczy tylko konsekwencja i wytrwałość, ale przede wszystkim zaakceptowanie i polubienie siebie! I jak wszędzie – w pracy, w miłości, a nawet w przymierzalni w sklepie z ciuchami – podkreślanie zalet i pomijanie dyskretnym milczeniem wszelkich niedoskonałości.

OSWÓJ GŁÓD

Nawet najbardziej wartościowy cel bywa trudny do osiągnięcia ze względu na przeszkody. Podobne jest ze zdrowiem, szczupłą sylwetką i prawidłowym składem ciała. Tutaj głównymi wrogami mogą okazać się głód i nieposkromiony apetyt. Na szczęście nie jesteśmy bezbronni – przeciwników można rozpoznać i okiełznać.

Przypomnij sobie taką sytuację... Spożywasz pełnowartościowy posiłek, o właściwej wartości energetycznej i urozmaicony. Wszystko wydaje się być w najlepszym porządku, a jednak po przełknięciu ostatnich kęsów czujesz, że masz ochotę na coś jeszcze. Może na dokładkę, może na deser, a może na jakiś drobiazg „na słono"? To właśnie jest apetyt. Jak mu zaradzić?

Akcję „stop apetytowi" zacznij już podczas przygotowywania potraw. Postaraj się, aby były one smaczne, ale... nieprzesadnie smaczne. Zrezygnuj z kalorycznych dodatków, przesadnie wymyślnych przypraw. Nie dosalaj! Posiłki serwuj na mniejszych talerzach, bo dzięki temu sprawisz, że porcje jedzenia będą się wydawały bardziej obfite. Staraj się jeść potrawy chłodniejsze, by nie pobudzać nadmiernie kubków smakowych. Jeżeli podasz danie o niższej temperaturze, organizm zużyje dodatkowe kalorie na jego ogrzanie. Jedz powoli i dokładnie przeżuwaj każdy kęs. Dzięki temu maksymalnie wykorzystasz wszystkie składniki pokarmowe i poprawisz pracę jelit.

Po zakończeniu posiłku zmień smak w ustach na miętowy. Możesz żuć miętową gumę (ale tylko przez pięć minut, by nie pobudzać niepotrzebnie soków trawiennych), wypić miętową herbatę, użyć miętowego płynu do płukania ust albo po prostu umyć zęby. Uważaj jednak, by przez te zabiegi nie doprowadzić do zaniechania picia wody.

By głód po posiłku nie pojawiał się zbyt często, wypróbuj dodatkowo te proste sposoby:

Pij systematycznie wodę. Najlepiej, gdyby udało ci się wypić dwie szklanki w czasie trzygodzinnej przerwy między posiłkami (więcej na ten temat w rozdziale: „Woda – napój życia i młodości"). Oprócz tego sięgaj po napary z ziół i rozmaite herbatki. Sprawdzą się na przykład:

- Morszczyn, który reguluje apetyt (łyżeczkę suszonych glonów zalej szklanką gorącej wody, pij raz dziennie przed dowolnym posiłkiem).
- Borówka czernica (czarna jagoda), która reguluje poziom cukru we krwi i zmniejsza łaknienie. Zawiera chrom potrzebny trzustce, przez co zmniejsza apetyt na słodycze i poprawia przyswajalność glukozy przez komórki. Wspomaga pracę nerek i zapobiega procesowi odkładania tłuszczu, herbatka z liścia morwy białej *(morus alba)*, która reguluje poziom cukru we krwi i tym samym ułatwia odchudzanie.

Gdy mimo to masz między posiłkami ochotę na małe co nieco, wypij koktajl przyrządzonym z izolatu białek serwatki, np. Pure Whey. Jest on wyśmienity nawet dla ludzi z cukrzycą czy alergiami pokarmowymi, pozbawiony laktozy, kazeiny i tłuszczu mlecznego. Zawiera wapń niezbędny dla kości i dużo białka pochodzenia mlecznego, które podnoszą odporność w trakcie odchudzania. Jego słodki smak nie pochodzi z cukru prostego, ale w zupełności rekompensuje brak zwykłych słodyczy, dzięki czemu zaspokaja apetyt na przysmaki. Wykorzystuję go również jako dodatek do wyrabiania ciasteczek i ciast w mojej dietetycznej kuchni. Więcej o Pure Whey piszę w rozdziale o słodyczach.

Jeśli jednak nie przepadasz za słodkim smakiem, jedz w takich momentach kiszoną kapustę. Jest niskokaloryczna, bogata w witaminy C, E i naturalne przeciwutleniacze, a także bakterie probiotyczne. Przede wszystkim jednak zawiera dużo błonnika, więc jej trawienie przebiega wolno. Osobom z wrażliwym żołądkiem sugerowałabym jednak umiar w delektowaniu się tym produktem.

Innym dobrym sposobem na zmniejszenie apetytu jest wysiłek fizyczny. Powoduje on wydzielanie serotoniny, czyli hormonu szczęścia, który zmniejsza uczucie łaknienia. Jego niedobór sprzyja rozwojowi otyłości, łatwo jednak temu zaradzić. Serotonina wydzielana jest nawet podczas zwykłego spaceru przyspieszonym krokiem. Wraz z innym neuroprzekaźnikiem – dopaminą, której wydzielanie jest stymulowane przez wysokobiałkowy posiłek połączony z węglowodanami złożonymi i spożyty bezpośrednio (do maksymalnie 30 minut) po wysiłku fizycznym – zdecydowanie poprawia nastrój.

Przy regulowaniu łaknienia trzeba się przygotować na 3 do 7 trudniejszych dni. Zastosowanie powyższych sztuczek powinno ulżyć, tak byście bez problemów przetrwali ten czas. Po nim organizm będzie przystosowany do nowego stylu odżywiania się i nowej częstości spożywania posiłków. Nie powinny wam dolegać uczucia głodu, rozdrażnienia i niepokoju. A jeśli czasem zamarzy się wam deser albo dokładka, przypomnijcie sobie, że zbilansowane posiłki spożywane z zalecaną częstością to pewna droga do sukcesu. Jest nim właściwa masa ciała i zdrowie. Czy warto to poświęcać dla kilku dodatkowych kęsów?

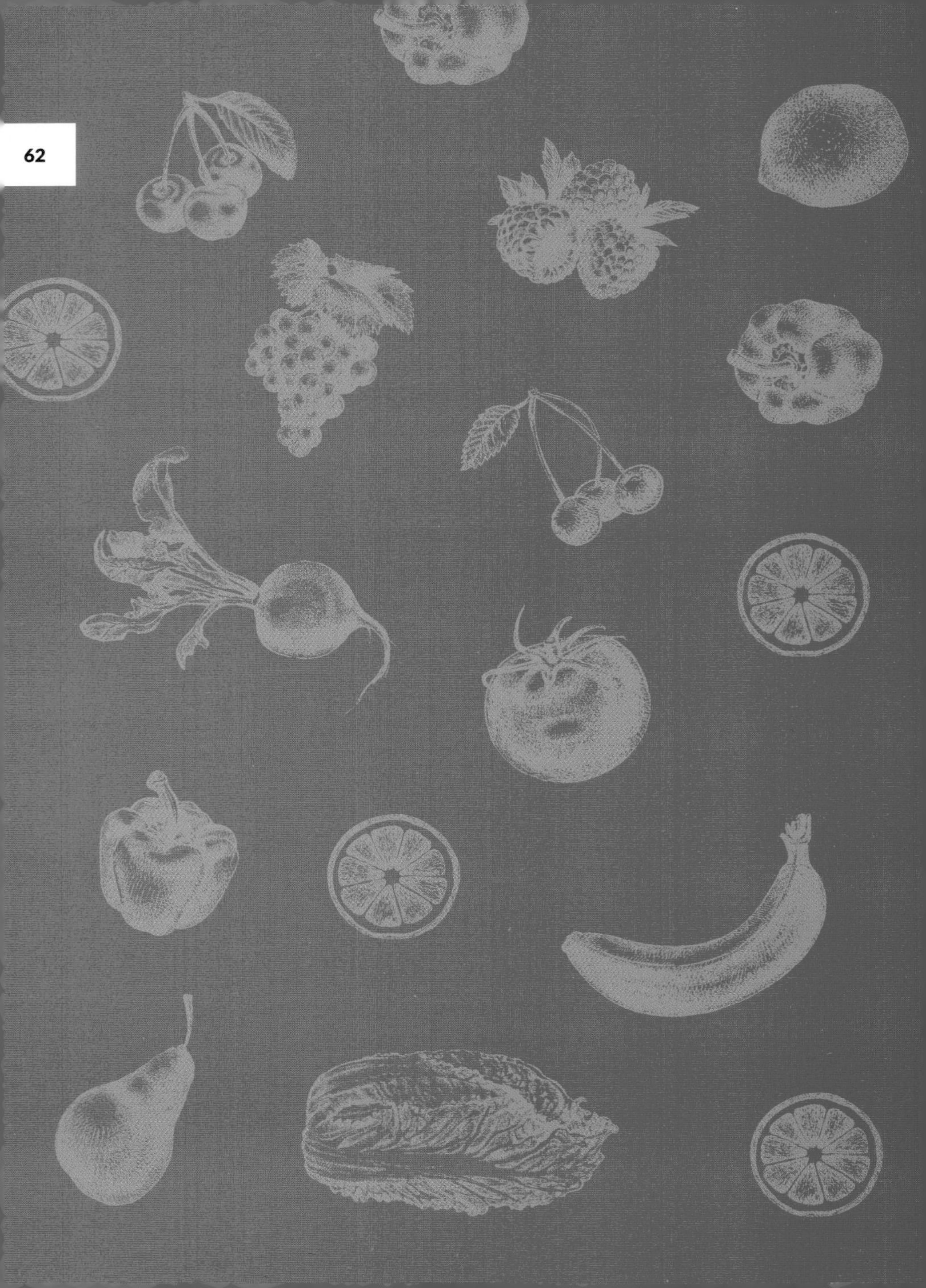

ROZDZIAŁ IV

JAK W ZEGARKU

ROZDZIAŁ IV

JAK W ZEGARKU

Wiesz już, ile „paliwa" musisz dostarczać organizmowi, aby być zdrowym i nie tyć. Potrafisz poskromić apetyt. Teraz wytłumaczę ci, jak ułożyć dzienny harmonogram żywienia pod względem kalorii na poszczególne posiłki i w jaki sposób układać menu, tak aby znalazły się w nim niezbędne składniki pokarmowe i odżywcze, a potrawy były nietuczące i oczywiście – bo o to nam przecież także chodzi – smaczne.

Osoby, które przychodzą do mojej poradni, często mówią, że jedzą mało, zaledwie trzy razy dziennie. Czasem opuszczają posiłki (zazwyczaj śniadanie, bo mężczyźni wolą się wyspać, a mało która kobieta zamieni wykonanie makijażu na zjedzenie miski płatków przed pracą...) i uważają, że robią dobrze, bo w ten sposób „oszczędzają" kalorie. W pracy w pośpiechu łapią kanapki albo przekąski z automatu, a panie dbające o sylwetkę – pokrojoną marchewkę. Dopiero w domu mogą w spokoju zjeść kolację, a właściwie – skoro odmawiali sobie posiłków wcześniej – pozwolić sobie na małą ucztę z kieliszkiem wina. Inne osoby z kolei opowiadają, że chciałyby jeść mniej, ale wciąż są głodne. Nie potrafią sobie wyobrazić dnia bez częstego podjadania nie zawsze zdrowych rzeczy, takich jak frytki, solone orzeszki, chipsy czy gazowane napoje lub słodzone soki. Chętnie i często sięgają po owoce i jogurty z dodatkiem cukru, uważając, że przecież to zdrowe. Zazwyczaj moim zabieganym, niedojadającym albo przejadającym się pacjentom opowiadam taką historię...

Wyobraź sobie, że masz eliksir życia i młodości. Szybko nalewasz go do szklanki. Chcesz pić litrami – to zrozumiałe, skoro ma zapewnić ci zdrowie i urodę. Ale co się dzieje? Płyn się przelewa i marnuje! Nawet jeśli chcesz wypić na zapas, szklanka i tak może pomieścić pewną określoną ilość – ani kropli więcej. Ta sytuacja, choć przypomina scenę z bajki, ma miejsce codziennie.

Czy wiesz, czym jest ten eliksir? To jedzenie, które spożywasz. Jeśli odpowiednio je zbilansujesz, będzie właśnie takim magicznym pokarmem, dzięki któremu zyskasz długie życie i smukłą sylwetkę. A szklanka to nic innego jak twój organizm, który jest w stanie przyswoić w określonym czasie tylko pewną określoną ilość składników odżywczych.

Teraz inny scenariusz – nalewasz pełną szklankę eliksiru i delektujesz się nim przez dłuższą chwilę. Potem pozwalasz mu działać – odbudowywać twoje mięśnie, poprawiać jędrność skóry, dawać energię do działania. Po pewnym czasie wypijasz kolejną szklankę i następną, i jeszcze jedną. W ten sposób przez cały dzień możesz korzystać z dobrodziejstw pokarmu, a nic się nie marnuje, nie musisz też odkładać na zapas.

Po taką „szklankę", a więc posiłek, należy sięgać co trzy godziny, tyle bowiem trwa cykl trawienny rekomendowanej przeze mnie diety niskotłuszczowej. Śniadanie trzeba zjeść w ciągu 45 minut od przebudzenia, a kolejne porcje pokarmu w odpowiednich trzygodzinnych odstępach. Jeżeli wstajesz o 7 rano, to pierwszy posiłek jesz prawdopodobnie około 7.30. Kolejne wypadają więc o: 10.30, 13.30, 16.30, 19.30. Jeżeli zdarzy się coś nieprzewidzianego – zebranie, pilny telefon, niecierpiąca zwłoki praca do wykonania – ten odstęp może się wydłużyć, ważne jednak, żeby nie przekraczał czterech godzin.

Vega - tak smakuje lato

Zachowaj urodę i witalność przez cały rok,
dzięki pysznej kompozycji warzyw dojrzewających w gorącym słońcu lata.

Gdy idziesz spać przed 23.00 – co byłoby idealną sytuacją, bo tylko 8 godzin snu zapewnia pełną regenerację organizmu – posiłek o 19.30 będzie ostatnim tego dnia. Jeśli jednak kładziesz się do łóżka później, warto zjeść jeszcze niewielką porcję na dwie, trzy godziny przed snem. To może być 50 g ryby albo chudego mięsa gotowanego na parze (niedługo powiem ci, jakie gatunki mięs wybierać i jak je przyrządzać) lub jedno jajko, wzbogacone o np. dwie łyżki kaszy oraz małą porcję warzyw. Unikaj natomiast tłustych serów, a twaróg jedz na śniadanie.

Uważaj na owoce. Zawierają cukry proste. Od rana potrzebujemy energii, więc nasz organizm ma szanse je spożytkować. Spożyte wieczorem nie zostaną wykorzystane, lecz „zmagazynowane" w postaci tkanki tłuszczowej. Szczególną uwagę, dotyczącą zawartości cukrów prostych w pożywieniu, powinny zwracać osoby z cukrzycą i stanami przedcukrzycowymi.

Taki rozkład posiłków jest optymalny. Można założyć, że cykl trawienny jednej porcji wynosi około trzech godzin. Przez ten czas organizm przyswaja składniki pokarmowe, a gdy zakończy pracę, ponownie daje sygnał – bak jest pusty! To znak, że należy sięgnąć po następną porcję „paliwa" czy też – jeśli wolisz to porównanie – eliksiru młodości i zdrowia. Pozostaje pytanie, jak dużo jeść. Jeśli chodzi o bilans energetyczny, odpowiedź jest prosta:

wystarczy, że podzielisz całkowite dzienne zapotrzebowanie na kalorie na pięć części. Jeżeli jesteś kobietą
o niedużej aktywności fizycznej, to aby nie schudnąć, ani
nie tyć, potrzebujesz każdego dnia – jak już mówiliśmy –
ok. 2000 kcal. Wynika z tego, że w każdym posiłku po-
winnaś dostarczyć swojemu organizmowi ok. 400 kcal
dobrze zbilansowanego posiłku. Jeśli jesteś mężczyzną,
ta wartość zwiększa się do ok. 600 kcal na każdy posiłek. Kiedy jednak chcesz schudnąć, lepiej jest odjąć od
każdej porcji ok. 100 kcal. Dzienna dawka 1500 kcal dla
kobiety i 2500 kcal dla mężczyzny pokryje z naddatkiem
potrzeby wynikające z podstawowej przemiany materii,
a jednocześnie sprawi, że aby podołać pracy fizycznej
i umysłowej, organizm będzie musiał sięgnąć do rezerw
zmagazynowanych w tkance tłuszczowej.

Podczas jednego posiłku kobieta jest więc w stanie efektywnie przyswoić ilość pokarmu równoważ-
ną 400 kcal, a mężczyzna ok. 600 kcal. To jest właśnie
ta optymalna ilość „paliwa". Jeżeli będziesz jeść posiłki
o takiej wartości energetycznej, ale częściej niż co trzy
godziny, to sprawa jest prosta – dostarczysz organizmowi zbyt dużej ilości energii, a więc przytyjesz. Co się jednak stanie, gdy postanowisz rozłożyć dzienną dawkę kalorii nie na pięć, tak jak ja proponuję, ale na trzy porcje?
Jeśli zjesz standardowe śniadanie, obiad i kolację – każdy z posiłków po ok. 650 kcal, kiedy jesteś kobietą, lub

ok. 1000 kcal, gdy mówimy o panach – twój organizm i tak przyswoi odpowiednio zaledwie 400 kcal i 600 kcal w każdym z posiłków. Niezależnie więc od tego, jak dużo energii mu dostarczysz, on wykorzysta do budowy i odżywiania tkanek jedynie w przypadku kobiet ok. 1200 kcal, a w przypadku mężczyzn ok. 1800 kcal, czyli poniżej podstawowej przemiany materii! Wszystko ponad to zmagazynuje w postaci tkanki tłuszczowej albo wydali jako bezużyteczną materię, która nie odżywia mózgu i innych narządów oraz nie buduje mięśni. Jeśli zatem jesz sporo, ale rzadko, fundujesz sobie... niedożywienie, o którym już mówiłam, a co za tym idzie, powolną destrukcję poszczególnych narządów, poczynając od mięśni. **Jednocześnie odkłada się tkanka tłuszczowa, a więc możesz cierpieć na nadwagę (lub otyłość) przy prawidłowej masie ciała. Twoje ciało nie jest wtedy jędrne, niedożywione komórki się starzeją, masa mięśni spada.** Jak pamiętasz, każdy kilogram mięśni potrzebuje w spoczynku 13 kcal w ciągu doby. Jeśli tkanki mięśniowej jest coraz mniej, zużywa ona również mniejszą ilość składników energetycznych, natomiast nadwyżki energetyczne odkładają się w postaci tłuszczu. I tak błędne koło niedożywienia i otyłości się zamyka.

A zatem, nie przepełniaj swojej szklanki życiodajnym eliksirem, tylko sięgaj po nią częściej. Jedz pięć posiłków dziennie, każdy zawierający maksymalnie 400 kcal (dla kobiet) lub 600 kcal (w przypadku mężczyzn). Jeżeli chcesz schudnąć, zmniejsz ilość energii do odpowiednio ok. 300 kcal i 500 kcal w jednym posiłku. W ten sposób zapewnisz sobie prawidłowe funkcjonowanie wszystkich narządów, a jednocześnie organizm przy małym deficycie kalorycznym będzie musiał sięgać do zapasów zmagazynowanych w tkance tłuszczowej. Osobom bardzo szczupłym, niedożywionym czy po prostu przyzwyczajonym do niedojadania może się początkowo wydawać, że proponowane przeze mnie porcje są monstrualne, a posiłki następują po sobie w tempie wręcz maratońskim. Nie szkodzi. Jeśli uważasz, że posiłek jest zbyt duży, rozłóż go na dwie części i zjadaj je co półtorej godziny. Podobnie rób w sytuacji, gdy lubisz podjadać między posiłkami – zwiększaj częstotliwość posiłków, ale nie sięgaj po przekąski, tylko dziel na mniejsze części swoje zdrowe, zbilansowane dania. Jeśli nie potrafisz się przyzwyczaić do jedzenia pięć, a nawet – jak w ostatnim przypadku – dziesięć razy dziennie, ustaw budzik w telefonie i przekonaj najpierw siebie, a potem kolegów z pracy, że 10 minut na posiłek jest teraz priorytetem. Asertywność się opłaci, bo stawka jest spora – twoje zdrowie i wygląd.

ZDROWE GARSTKI / BILANS ZDROWIA

Wiesz już, jak często sięgać po „eliksir" i jakiej ilości energii powinny dostarczać jego porcje. Pozostaje pytanie – co powinno składać się na zawartość „szklanki". Greccy bogowie bilansowali swoje posiłki, sięgając po nektar i ambrozję. Ten pierwszy składnik zapewniał wieczne życie, drugi – młodość. Współczesne, nieco mniej romantyczne porównanie dotyczy samochodu – aby ruszyć w drogę, trzeba nalać do zbiorników olej, płyn hamulcowy, płyn do chłodnicy, no i przede wszystkim paliwo. Przy braku któregokolwiek z nich auto nie pojedzie. Jeśli chcesz, żeby twój organizm – tak jak pojazd – funkcjonował bez zarzutu, musisz dostarczyć mu określonych składników. Witaminy, minerały, błonnik i woda spełnią funkcję płynów utrzymujących go w dobrej formie i gotowości do działania, natomiast w roli paliwa wystąpią białko, węglowodany i tłuszcze.

Podzielmy zatem posiłek (w przypadku odchudzania zawierający 300 kcal dla kobiet i 500 kcal dla mężczyzn, a w przypadku odbudowy masy ciała po 400 kcal i 600 kcal) na trzy części. Jedną będą stanowić warzywa z łyżeczką tłuszczu takiego jak olej czy oliwa. Druga część to zboża: kasza, ryż czy płatki zbożowe, może to być również ziemniak. Trzecia część to białko zwierzęce, czyli chude mięso, ryba, jajko albo twaróg. Bardzo ważne jest to, aby poszczególnych składników pokarmowych dostarczać w określonych ilościach. Jeśli zaburzysz tę delikatną równowagę, najczulsze w świecie urządzenie, jakim jest ludzkie ciało, przestanie prawidłowo funkcjonować.

1936
TYMBARK

Vega
Prowansalskie
Pola

**Wiem
co piję**

BEZ dodatku cukru
Naturalne źródło
błonnika
i witaminy A

ze szczyptą przypraw
pieprz czarny, rozmaryn,
sól morska

Vega - tak smakuje lato

Zachowaj urodę i witalność przez cały rok,
dzięki pysznej kompozycji warzyw dojrzewających w gorącym słońcu lata.

Właściwe proporcje są następujące:

- węglowodany: 50–70%,
- białko: 15–25%,
- tłuszcze: 15–25%.

Rzadko zdarza się jednak, że poszczególne składniki występują w czystej, „wydestylowanej" postaci. Mięso – główne źródło białka – zawiera też tłuszcz. Mleko jest bogate w dwucukier – laktozę. W chlebie występują węglowodany złożone (głównie skrobia). Musisz też pamiętać o witaminach i składnikach mineralnych oraz błonniku, a więc warzywach, które powinny gościć na twoim talerzu cztery razy dziennie, a także owocach jedzonych raz dziennie, najlepiej przed południem.

Aby prawidłowo ułożyć jadłospis, korzystaj z tablic kalorycznych, które pomogą ci wybrać pełnowartościowe, ale nietuczące potrawy. Czytaj też dokładnie etykiety albo szukaj danych w Internecie – dowiesz się, jakie składniki i w jakiej ilości zawiera określony produkt.

Weź teraz kartkę i długopis, usiądź wygodnie. Układamy dzienny jadłospis dla ciebie.

WĘGLOWODANY – 1000 KCAL

Potrafisz ekonomicznie prowadzić samochód i zdarzyło ci się szukać najtańszego dostawcy elektryczności? W takim razie powinny cię zainteresować węglowodany. To najważniejsze, najłatwiej dostępne i najmniej kosztowne źródło energii niezbędnej do życia i pracy. Niech cię nie zmyli ich druga nazwa – cukry. Od węglowodanów (ale tylko tych złożonych i niejedzonych w nadmiarze) nie utyjesz. Zapewniają one energię na czas dłuższy niż węglowodany proste. Na początku muszą zostać rozłożone przez enzymy trawienne właśnie do tej drugiej postaci, więc wchłaniają się znacznie wolniej niż cukry proste. Z kolei błonnik w ogóle nie jest trawiony i przyswajany przez organizm człowieka, ma natomiast duże znaczenie dla regulowania pracy przewodu pokarmowego.

Jeden gram węglowodanów wyzwala 4 kcal energii. Węglowodany powinny stanowić ogółem 50–70% przyjmowanych dziennie składników pokarmowych i dostarczać ok. 1000 kcal. Węglowodany proste można zjadać jedynie w niewielkich ilościach, stanowiących maksymalnie 10% dziennego spożycia. Można je również ograniczyć lub wyeliminować bez żadnej szkody dla organizmu.

WĘGLOWODANY PROSTE: MAKSYMALNIE 200 KCAL

Ich źródłem są owoce, soki, słodycze, alkohol (piwo). Z tej listy zdrowe są tylko owoce i nimi się zajmiemy. Dziennie powinny dostarczać maksymalnie 200 kcal. W jednym posiłku możesz jednak przyjąć zaledwie 50 kcal z owoców, co odpowiada 125 g fruktozy lub glukozy, bo tylko tyle twój organizm (a dokładniej – wątroba) przetworzy na glikogen (cukier zapasowy). Owoce lepiej jeść rano, bo wtedy zawarta w nich fruktoza działa dobroczynnie. Wieczorem ujawnia już swoje mroczne oblicze, czyli powoduje tycie. Jeśli więc chcesz zeszczupleć, warto zrezygnować z popołudniowej miseczki owoców, a zaoszczędzone w ten sposób kalorie uzupełnić warzywami. Porcją owoców dostarczającą ok. 50 kcal może być:

- 180 g truskawek,
- 90 g czereśni,
- 150 g arbuza,
- 100 g jabłka (1 mały owoc),
- 100 g gruszki (1 mały owoc),

- 90 g kiwi,
- 50 g banana (1/4 dużego owocu).

WĘGLOWODANY ZŁOŻONE: 800–900 KCAL

Ich źródłem są warzywa, w tym ziemniaki, i zboża: kasze, płatki, chleb i makaron z nieoczyszczonej mąki. Te pierwsze zapewniają bogactwo witamin. Zgodnie z zaleceniami Światowej Organizacji Zdrowia powinniśmy 5 razy dziennie spożywać porcję owoców i warzyw. Bogate we fruktozę owoce zjedliśmy rano, dzięki czemu dostarczyliśmy organizmowi energii i witamin. Jeśli chcemy zachować szczupłą sylwetkę, dobrze jest na tym poprzestać i kalorie, jakie mogłyby pochodzić z owoców, „przerzucić" do puli warzyw, które będziemy jeść podczas kolejnych czterech posiłków. Oczywiście nie te w postaci sałatki, skąpane w majonezie czy oliwie, ale zdrowe i nietuczące warzywa z łyżeczką oleju, dla smaku skropione sokiem z cytryny i posypane ziołami, np. bazylią, tymiankiem, oregano czy mieszkanką ziół prowansalskich. Cztery razy w ciągu dnia możemy więc położyć na talerzu np.:

- małego pomidora – 15 kcal/100 g,
- 2 średniej wielkości ogórki – 14 kcal /100 g,
- surówkę z małej marchewki – 27 kcal/100 g,
- 80 g gotowanych buraczków – 38 kcal/100 g,
- 1/3 cukinii – 15 kcal/100 g,
- surówkę z pęczka szpinaku – 16 kcal/100 g.

A do tego niemal bez ograniczeń można pogryzać do posiłków seler naciowy (13 kcal/100 g) i sałatę (14 kcal/100 g;
1 liść to 15 g).

Jak widać, porcja dostarcza zaledwie około 25–30 kcal,
a mamy już sporą garść zdrowego pożywienia. Wyko-
rzystaliśmy przy tym zaledwie 100 kcal z dziennej puli
przeznaczonej na węglowodany. Razem z owocami to
300 kcal. Zostaje więc jeszcze 700 kcal na węglowodany
złożone pochodzące ze zbóż. Podlegają one trawieniu,
dlatego są wchłaniane wolniej niż cukry proste. Dzięki
temu zapewniają stały dopływ energii do mózgu – aż do
kolejnego posiłku. Najzdrowszym ich źródłem są kasze,
płatki, ryż brązowy, ziemniaki, makaron i chleb z nieoczyszczonej mąki. Szczególne miejsce zajmują tu kasze: gryczana, jaglana, pęczak, jęczmienna. Oprócz tego,
że zawierają skrobię, która przetwarzana jest w glukozę
niezbędną dla prawidłowej pracy mózgu, stanowią też
bogate źródło błonnika, witamin z grupy B, witaminy E
i kwasu foliowego. Jest tylko jeden warunek – muszą to
być kasze nieprzetworzone, kupowane na wagę, których obróbka termiczna wymaga czasu, a nie te w saszetkach, których gotowanie do miękkości trwa tylko
5 czy 10 minut. Jedna szklanka zdrowego, nieprzetwo-
rzonego zboża, podzielona na części i dodawana do
każdego posiłku, zapewni kobietom dzienną podaż węglowodanów złożonych. Mężczyźni powinni ugotować
dwie szklanki. Przepis znajdziesz w książce kucharskiej
na końcu tego poradnika.

Zakładam jednak, że czasem masz ochotę na odmianę i spróbowanie czegoś innego niż kasza. Do śniadania polecam ci więc płatki zbożowe, np. owsiane. Wybieraj nie te błyskawiczne, ale najzwyklejsze, np. Górskie. **Zapomnij o płatkach kukurydzianych, zwłaszcza z dodatkiem cukru czy miodu, bo stanowią one najzwyklejszy fast food,** bogaty w cukier, który nie pomaga w odchudzaniu, ale wręcz tuczy. Z tego samego powodu, sięgając czasem po sklepowe musli, sprawdź, czy nie są dosładzane lub nie zawierą chemicznych polepszaczy. Spróbuj też zrobić własne: z płatków owsianych, suszonych owoców, posiekanych orzechów, pestek dyni i słonecznika. Oprócz wysokiej jakości węglowodanów to danie zapewni ci moc mikroelementów, niezbędnych m.in. dla zachowania piękna skóry i włosów.

Inny zdrowy zamiennik dla kasz to ziemniaki. Tak, wiem, zostały wyklęte przez niejedną dietę. Niesłusznie. Ziemniaki – oczywiście te zdrowe, gotowane w mundurkach lub na parze i serwowane bez masła i ciężkich sosów – mają w sobie mnóstwo potasu i aminokwasów, a także witaminy C. Jeśli podasz je z sadzonym jajkiem i maślanką, otrzymasz jeden z najzdrowszych, pełnowartościowych posiłków budujących mięśnie i dodających energii.

I wreszcie ryż. Jest nieco mniej wartościowy niż kasza, ale będzie nieoceniony, gdy cierpisz na obrzęki lub gdy chcesz np. przygotować danie z kuchni dalekowschodniej. Tu również liczy się to, co nieoczyszczone i nieprzetworzone, wybieraj więc ryż brązowy na wagę, a nie ten w saszetkach do szybkiego gotowania. Prawdopodobnie o zakup będzie najłatwiej w sklepie ze zdrową żywnością. Ryż, podobnie jak kasze, gotuje się ok. 10 minut, a następnie pozostawia w cieple na kilka godzin. Wielkość jednorazowej porcji będzie taka sama jak w przypadku kasz.

Szczególnie pozytywną rolę w żywieniu odgrywają te produkty, z których może wyrosnąć „nowe życie". Siemię lniane, pestki dyni i słonecznika to nasiona. Kasze – te nieprzetworzone – a także ryż, są przecież ziarnami. Płatki to zgniecione ziarno. W tym zestawieniu chyba najmniej polecałabym kolejne źródło węglowodanów złożonych, czyli chleb. Jest on spośród wszystkich tych potraw w największym stopniu przetworzony, ale jeśli nie wyobrażasz sobie dnia bez pieczywa, nie widzę powodu, dla którego masz sobie odmawiać tej przyjemności. Oczywiście pod pewnym warunkiem – wybieraj chleb z mąki z pełnego przemiału, ciemny, najlepiej z dodatkiem ziaren, siemienia czy orzechów. Jest on bardzo sycący i zdrowy. Dwie kromki takiego chleba dodane do posiłku w pełni zaspokoją twoje zapotrzebowanie na kalorie z węglowodanów złożonych.

TRZYMAJ DIETĘ W... GARSTCE

W tym miejscu pacjenci zazwyczaj pytają mnie o wielkość porcji. Najlepiej będzie oczywiście sięgnąć do tablic kalorycznych. Jeśli 700 kcal, jakie pozostały nam na węglowodany złożone pochodzące ze zbóż podzielimy na 5 posiłków, wypadnie ok. 150 kcal na każdy posiłek. Wartość energetyczna produktów, jakie wymieniłam, jest następująca:

- kasze: gryczana, jaglana, jęczmienna, pęczak – 330–350 kcal/100 g,
- ryż brązowy – 325 kcal/100 g,
- ziemniaki – 70–85 kcal/100 g (porcja to 200 g),
- pełnoziarniste pieczywo żytnie – ok. 240 kcal/100 g (kromka to ok. 35 g).

Oznacza to, że dziennie możesz zjeść około szklanki kaszy lub ryżu, jeśli jesteś kobietą, i około dwóch szklanek, gdy jesteś mężczyzną. Kasza pęcznieje po ugotowaniu 2,5 razy. Jedna porcja węglowodanów to wobec tego aż pół szklanki ugotowanej kaszy albo ryżu. Zamiennikiem dla tego są dwa ugotowane średniej wielkości ziemniaki lub dwie kromki chleba. Ja stosuję jednak jeszcze jeden przelicznik, bardzo przydatny w codziennym życiu – garstki. Natura tak to sprytnie urządziła, że garstka – „łódeczka" utworzona z dłoni – odpowiada jednorazowemu zapotrzebowaniu danej osoby na pożywienie: owoce, warzywa, kasze albo ryż, produkty białkowe. Kobiety mają mniejsze dłonie, dlatego porcje dla nich będą mniejsze. W męskiej dłoni zmieści się trochę więcej – nic dziwnego, bo i zapotrzebowanie kaloryczne panów jest większe. Może więc swobodnie stosować tę jednostkę miary, a **gdy ktoś zapyta cię, na jakiej diecie jesteś, odpowiadaj z dumą: na garstkowej!**

Oczywiście możesz zwiększyć te porcje, tak aby dzienna podaż węglowodanów wzrosła do 70% zapotrzebowania energetycznego, choć w przypadku gdy żywisz się kaszami, może być trudno zjeść aż tak dużo. Pamiętaj przy tym, żeby jednocześnie proporcjonalnie zmniejszyć ilość spożywanego białka i tłuszczów oraz nie przekroczyć zalecanej liczby kalorii. Tylko w takiej sytuacji możesz mieć pewność, że nie przytyjesz.

BIAŁKA – 500 KCAL

Bez niego nie moglibyśmy istnieć. Białko daje siłę i sprawność, to źródło zdrowia i życia. Jest niezbędne dla prawidłowego funkcjonowania układu hormonalnego, enzymów, mięśni, kości, skóry, zębów i włosów. Przez lata cieszyło się jednak zmienną sławą. Kiedyś miało wielu zwolenników, szczególnie wśród sportowców czy też matek, które zalecały dzieciom jedzenie dużej ilości produktów białkowych. Potem stwierdzono, że przyjmowane w nadmiarze obciąża układ trawienny i nerki. Dziś wiemy, że to dla człowieka najważniejszy składnik odżywczy, zapewniający prawidłowe funkcjonowanie organizmu.

Dorosły człowiek powinien dziennie spożywać od 0,8 do 1 g białka na kilogram masy ciała. U osób aktywnych fizycznie i odchudzających się zapotrzebowanie na białko wzrasta do 1,5–2 g/kg. U sportowców jest jeszcze wyższe: 2–4 g/kg.

Jednak białko białku nierówne. Duże znaczenie ma to, po jakiego rodzaju produkty sięgamy. Najlepsze jest białko pełnowartościowe, które zawiera 21 aminokwasów, w tym 8 niezbędnych. Jego źródłem są produkty pochodzenia zwierzęcego: białe i czerwone chude mięso, jajka, ryby i owoce morza, mleko i przetwory mleczne (sery, jogurt, kefir, maślanka, serwatka). Białko niepełnowartościowe nie ma całego zestawu 8 niezbędnych aminokwasów lub ma je w zbyt małych ilościach. Występuje w produktach roślinnych: nasionach zbóż, kaszach, orzechach, warzywach, soi, soczewicy, fasoli, grochu.

PRAWO MINIMUM LIEBIGA

Przy opisie białek dietetycy posługują się prawem minimum Liebiga. Obrazuje je beczka o klepkach nierównej wysokości. Te klepki to niezbędne aminokwasy, których nasz organizm nie potrafi sam wyprodukować. Muszą one być dostarczone w pożywieniu.

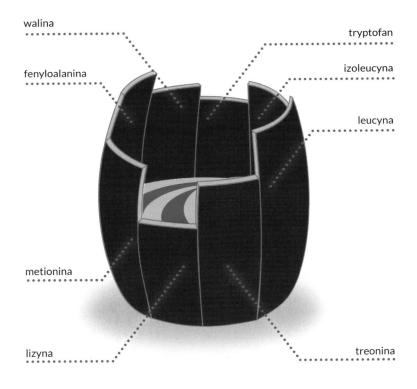

walina

tryptofan

fenyloalanina

izoleucyna

leucyna

metionina

lizyna

treonina

Wysokość najkrótszej klepki decyduje o ilości płynu, który można wlać do beczki. Białko mające odpowiednie ilości 8 aminokwasów niezbędnych (czyli klepki odpowiedniej wysokości) może być w pełni wykorzystane do budowy tkanek (płyn z tak zbudowanej beczki nie wylewa się). Jest to białko pełnowartościowe (pochodzenia zwierzęcego). Białka, które mają niedobór któregoś aminokwasu (obrazuje go najkrótsza klepka w beczce), mogą być tylko w ograniczonym stopniu wykorzystywane jako materiał budulcowy (wlejemy płyn tylko do poziomu, jaki wyznacza ta najmniejsza belka, niezależnie od długości pozostałych). Jest to białko niepełnowartościowe (pochodzenia roślinnego). Aby stało się ono pełnowartościowym budulcem, należałoby odpowiednio zbilansować niezbędne aminokwasy, wykorzystując do tego różne produkty – tu dokleić „klepkę" z soi, tam załatać beczkę białkiem z nasion, gdzie indziej dołożyć orzechy. Dlatego właśnie przestrzegam niewtajemniczonych przed dietą wegetariańską lub wegańską. Pamiętajmy, że za sposobem, w jaki żywią się np. hinduscy jogini, stoją tysiąclecia tradycji i wiedzy. Oni potrafią zbilansować pokarmy roślinne, tak by cały posiłek był pełnowartościowy. Jeśli natomiast chcesz przejść na wegetarianizm i myślisz, że wystarczy po prostu zastąpić mięso soją, w dłuższej perspektywie możesz zaszkodzić swojemu zdrowiu.

A teraz kilka słów o tych tajemniczych substancjach, bez których życie nie byłoby możliwe. Ludzkie ciało, a głównie mięśnie, zbudowane są przede wszystkim z aminokwasów i wody. Oczywiste jest zatem, że jeśli chcemy utrzymać się w dobrej kondycji, musimy dostarczać organizmowi właśnie tych składników. Aminokwasy niezbędne dla człowieka to: tryptofan, fenyloalanina, leucyna, izoleucyna, walina, metionina, treonina i lizyna. Bez nich trudno byłoby wyobrazić sobie prawidłowe funkcjonowanie organizmu. Pozostałe 13 aminokwasów organizm może wytworzyć samodzielnie.

Tryptofan – wraz z witaminą B6, niacyną i magnezem wykorzystywany jest do syntezy serotoniny. Pamiętasz pewnie ten neuroprzekaźnik ze wzmianki o zbawiennym wpływie aktywności fizycznej na hamowanie apetytu. W dużym stopniu odpowiada on za jakość życia – łagodzi stres i napięcia emocjonalne, a także bóle głowy, pomaga w zasypianiu, zmniejsza wrażliwość na ból i działa przeciwdepresyjnie.

Fenyloalanina – wpływa na przekaz sygnałów między komórkami w centralnym układzie nerwowym. Ponadto redukuje głód, poprawia pamięć i korzystnie wpływa na sprawność intelektualną. Podnosi też na duchu oraz łagodzi objawy depresji.

Lizyna – wykorzystywana jest do syntezy licznych białek ustrojowych, niezbędnych do wzrostu organizmu, wytwarzania przeciwciał, hormonów i enzymów. Jednym z nich jest kolagen, odpowiedzialny m.in. za młody wygląd. Lizyna sprawia również, że jesteśmy odporni na ataki bakterii i wirusów.

Metionina – chroni organizm przed działaniem toksyn i wolnych rodników, jest substancją wyjściową dla cysteiny, która stanowi element struktury jednego z najważniejszych antyoksydantów – glutationu. Odgrywa ważną rolę w procesie odchudzania.

Leucyna, izoleucyna, walina – podobnie jak lizyna wykorzystywane są do syntezy wielu białek ustrojowych, niezbędnych do wzrostu, produkcji przeciwciał, hormonów i enzymów. Odpowiadają też za syntezę kolagenu.

Jak widać, trudno czymkolwiek zastąpić pełnowartościowe zwierzęce białko. To budulec naszych mięśni i całego organizmu, dlatego powinniśmy spożywać je w każdym posiłku (jeżeli u niektórych osób, zwłaszcza starszych, wywołuje ono alergie i kłopoty trawienne, warto rozważyć suplementację). Jednocześnie ostrzegam cię przed dietami wyłącznie białkowymi (podobnie zresztą jak przed każdą dietą, która nakazuje wyłączyć z jadłospisu pewną grupę pokarmów). Gdy stawiasz na białko, a wykluczasz węglowodany, mózg nie otrzymuje glukozy. Jak już wiemy, nigdy nie dopuści do tego, by głodować, więc do produkcji swojego pokarmu zużyje mięśnie. Może ci się wtedy wydawać, że chudniesz, w rzeczywistości jednak tracisz nie tłuszcz, ale masę mięśniową. Powstaje błędne koło – dostarczasz organizmowi składniki budulcowe, ale mimo to mięśnie ulegają destrukcji. Co więcej, możesz czuć większe zmęczenie, ospałość, a nawet mieć problemy z koncentracją i myśleniem. To wszystko skutki niedożywienia mózgu.

Moja dieta nie stwarza jednak takiego niebezpieczeństwa, bo jest odpowiednio zbilansowana. Białka stanowią w niej 15–25% składników pokarmowych przyjmowanych każdego dnia. Gram białka to ok. 4 kcal, zatem 500 kcal osiągniesz, zjadając 5 porcji po ok. 70–130 g produktu białkowego. Pamiętaj przy tym, że jak wspominałam wcześniej, białko nie występuje w potrawach w czystej postaci, ale zazwyczaj wspólnie z ponad dwa razy bardziej kalorycznym tłuszczem. Przykładowo, pozornie chuda szynka wieprzowa w 100 g zawiera aż 21 g tłuszczu (przy zawartości białka 18 g i wartości kalorycznej 270 kcal). Schab wieprzowy ma aż 140 kcal i ok. 6 g tłuszczu w 100 g (zawartość białka: 19 g).

Dlatego produkty białkowe wybieraj rozważnie. Postaw na chude mięso, takie jak pierś z indyka lub kurczaka (ta część jest zdrowa i bezpieczna, jeśli chodzi o ewentualną zawartość antybiotyków i hormonów; wystrzegaj się natomiast skrzydełek, bo w nich i w skórce gromadzą się niechciane substancje), indyczy udziec (to znakomite czerwone mięso), wołowina (w Polsce wciąż jeszcze jest wyjątkowo smaczna i zdrowa), królik (wyśmienity tym bardziej że skutecznie opiera się próbom sztucznego tuczenia). Przyrządzaj je bez tłuszczu – gotuj na parze albo upiecz w piekarniku. W ten sposób możesz też przyrządzić znakomitą domową „wędlinę" – udziec indyczy położony na kanapki będzie zdrowszy niż produkty sklepowe, w których nie sposób określić zawartości tłuszczu.

- Pierś kurczaka – 100 kcal, 22 g białka i 1 g tłuszczu w 100 g.
- Pierś indyka – 85 kcal, 19 g białka i 0,7 g tłuszczu w 100 g.
- Golonka z indyka – 132 kcal, 18,4 g białka i 6,4 g tłuszczu w 100 g.
- Polędwica wołowa – 114 kcal, 20 g białka i 4 g tłuszczu w 100 g.
- Królik (tuszka) – 136 kcal, 20 g białka i 5,5 g tłuszczu w 100 g.

Ryby najlepiej jeść przynajmniej 3 razy w tygodniu ze względu na dużą zawartość kwasów omega-3 i omega-6.

Wybieraj jednak przede wszystkim te gatunki, które mają chude mięso: dorsza, pstrąga, mintaja. Od czasu do czasu możesz sięgnąć po tłustego łososia (180 kcal, 12 g tłuszczu i 19 g białka w 100 g), natomiast śledzia jedz tylko w wieczór wigilijny – jest zdrowy, ale bardzo kaloryczny ze względu na sposób przyrządzania (matjas w oleju ma 370 kcal, 35 g tłuszczu i 13 g białka w 100 g). Jeśli bardzo lubisz śledzia, przygotuj go w sposób dietetyczny: w jogurcie lub zapiecz w folii. Gdy jesz tłuste ryby, dokładnie zbilansuj białko i tłuszcze, przykładowo, nie dodawaj w danym posiłku oliwy do sałatki. Ryby przygotowuj bez panierki i nie smaż ich, ale piecz na grillu, w piekarniku lub gotuj na parze. Skrop je wcześniej sokiem z cytryny, wtedy nie będziesz mieć problemu z nieprzyjemnym zapachem w kuchni.

- Dorsz – 70 kcal, 17 g białka, 0,3 g tłuszczu w 100 g.
- Pstrąg – 160 kcal, 18,6 g białka, 9,6 g tłuszczu w 100 g.
- Mintaj – 73 kcal, 17 g białka, 0,6 g tłuszczu w 100 g.

I wreszcie jajko – najlepiej zbilansowany pokarm w przyrodzie. W końcu z niego powstaje życie. Przez lata jajka cieszyły się złą sławą ze względu na zawartość cholesterolu, ale dziś dietetycy wskazują, że można bez obaw zjeść jedno jajko dziennie. To źródło najwyższej jakości aminokwasów, które znakomicie odbudowują mięśnie.

- Jajko kurze o wadze ok. 60 g – 70 kcal, 7,5 g białka, 5,8 g tłuszczu.

TŁUSZCZE – 500 KCAL

Został nam do zapełnienia ostatni fragment wirtualnego talerza, czyli miejsce przeznaczone na tłuszcz. Być może tutaj wahasz się, bo zdrowa dieta i odchudzanie nie kojarzą ci się ze spożywaniem tłuszczu. Otóż jest to błędne przekonanie. Nadwaga najczęściej wynika z przejadania się produktami zawierającymi nadmierne ilości tłuszczu, a przede wszystkim bogatymi w węglowodany o wysokim indeksie glikemicznym – należą do nich m.in. ciasta, makarony i bułki z białej mąki czy też słodycze.

Tłuszcze odgrywają w ludzkim ciele wiele ważnych ról. Stanowią budulec dla błon komórkowych, pełnią też funkcję hormonów odpowiedzialnych m.in. za skurcze mięśni gładkich (prostaglandyny). Kwasy tłuszczowe omega-3 i omega-6 są niezbędne do życia, działają ochronnie na serce i na układ nerwowy, pomagają zwalczać stres i objawy depresji. Grupa tłuszczów, do której należą, koniecznie musi wejść w skład twojej codziennej diety. To niezbędne nienasycone kwasy tłuszczowe (NNKT), które m.in. podwyższają poziom dobrego (HDL) cholesterolu. Ludzki organizm nie potrafi ich sam syntetyzować, dlatego muszą być dostarczane z pożywieniem. Bogatym źródłem NNKT są produkty roślinne, przede wszystkim oleje (np. rzepakowy, lniany, z pestek dyni, słonecznikowy) i oliwa z oliwek, a także orzechy, nasiona i ziarna oraz ryby. Warto podkreślić, że te produkty tłuszczowe stanowią znakomite źródło energii i niektórych witamin.

POZYTYWNIE O TŁUSZCZACH...

Dobroczynne działanie tłuszczu jako składnika pokarmowego polega na spowolnieniu tempa wchłaniania się cukrów do krwi. Dzięki powolnemu trawieniu tłuszczy uczucie sytości przedłuża się do kilku godzin po posiłku. Aby pozostać w dobrym zdrowiu, powinniśmy spożywać wielonienasycone kwasy tłuszczowe. Musimy dostarczać je w odpowiednich pokarmach, bo organizm nie jest w stanie samodzielnie ich wyprodukować. Z tego punktu widzenia najbardziej wartościowe są ryby z zimnych wód, takie jak łosoś, śledź, makrela, dorsz, troć, sardynki i tuńczyk. Zawierają one kwasy tłuszczowe omega-3, m.in. kwas eikozapentaenowy (EPA) i dokozaheksaenowy (DHA), które chronią przed zbyt wysokim stężeniem złego (LDL) cholesterolu we krwi, a także powstawaniem zakrzepów. Tu szczególną rolę odgrywa kwas EPA. Zapobiega on zlepianiu się płytek krwi, hamuje proces zapalny i przeciwdziała rozwojowi chorób układu krążenia.

Kwasy nasycone i niektóre nienasycone, podobnie jak cholesterol, mogą być syntetyzowane w organizmie. Nie ma więc bezpośredniego zagrożenia dla zdrowia, jeśli są spożywane nieregularnie i w mniejszych ilościach. Terminy „tłuszcz nasycony" i „nienasycony" stosuje się do określenia, ile atomów wodoru przypada na każdy atom węgla w danej cząsteczce. Kwasy tłuszczowe są tym bardziej nienasycone, im mniej zawierają atomów wodoru. Bezpośrednim skutkiem mniejszej liczby atomów wodoru jest większa reaktywność cząsteczki kwasu tłuszczowego. Kwasy nasycone są chemicznie bardziej stabilne, a dzięki temu bardziej odporne na utlenianie (w praktyce – na jełczenie). Oznacza to, że błony komórkowe, które zawierają ich dużo, także trudniej poddają się procesowi utleniania.

Normy spożycia tłuszczu dla człowieka są trudne do ustalenia, gdyż organizm może go sam wytwarzać z innych składników racji po (z wyjątkiem NNKT). Zapotrzebowanie na tłuszcz zależy od zapotrzebowania energetycznego organizmu, które z kolei różni się w zależności od wieku, płci, rodzaju wykonywanej pracy, a u kobiet również od stanu fizjologicznego. Ogólne normy podają, że tłuszcze powinny dostarczać ok. 20–30% energii dziennej racji pokarmowej i zawierać odpowiednią ilość niezbędnych nienasyconych kwasów tłuszczowych. Spożywanie tłuszczów ponad zalecane 30% może prowadzić do tycia. Obecnie przyjmuje się, że ważną rolę odgrywa także rodzaj spożywanego tłuszczu. Ilość kwasów tłuszczowych nasyconych znajdujących się głównie w produktach zwierzęcych należy ograniczyć do minimum – powinny one stanowić ok. 10% zapotrzebowania energetycznego. Udział kwasów wielonienasyconych powinien wynosić 3–5% ogólnej energii z pożywienia, można go zwiększyć nawet do 10%. Ilość kwasów jednonienasyconych to 10–15% energii dziennej. Sumarycznie stanowią one 50–80 g spożywanych tłuszczów. Dotyczy to ukrytego tłuszczu, znajdującego się w produktach takich jak mięso, ryby, żółtko jaja, sery, orzechy, oraz tego zewnętrznego, podawanego w postaci np. sosu czy oliwy do sałatek.

Gram tłuszczu zawiera 9 kcal, w 1 łyżce stołowej mieści się 10–12 g. Oznacza to, że łyżka stołowa tłuszczu to ok. 100 kcal, a zatem 5–8 łyżek wyczerpuje dzienną dawkę. Ostrzegam cię jednak przed traktowaniem tych wyliczeń dosłownie i np. dolewaniem łyżki oliwy do warzyw w każdym posiłku! Tłuszcz, jak to przed chwilą pokazałam, wchodzi już w skład produktów białkowych. W dwóch jajkach znajduje się jego niepełna łyżka. Podobna ilość jest w 100 g ryby. Zwracaj więc uwagę na zawartość składników odżywczych w potrawach, wybieraj rozważnie, a na pewno wystrzegaj się tłustych produktów białkowych.

- Mozzarella – 230 kcal, 17 g białka, 18 g tłuszczu w 100 g.
- Feta – 220 kcal, 10 g białka, 18 g tłuszczu w 100 g
- Ser żółty – 390 kcal, 26,2 g białka, 30 g tłuszczu w 100 g.

- Ser pleśniowy – 350 kcal, 17 g białka, 32 g tłuszczu w 100 g.
- Schab wieprzowy – 175 kcal, 21 g białka, 10 g tłuszczu w 100 g.
- Szynka wieprzowa – 264 kcal, 18 g białka, 21,3 g tłuszczu w 100 g.
- Oraz wędliny: parówki (345 kcal, 9,5 g białka, 34 g tłuszczu w 100 g), kabanosy (330 kcal, 27 g białka, 24 g tłuszczu w 100 g), pasztety (ok. 395 kcal, 17 g białka, 31 g tłuszczu w 100 g).

Dostarczają one wprawdzie odpowiednią ilość białka, ale są zbyt tłuste i sprawią, że utyjesz. Co więcej, jeśli zjesz je w jednym posiłku, wykorzystasz w dużej mierze limit kalorii i niewiele ich zostanie na węglowodany. A te – jak już wiemy – są niezbędne dla mózgu, który poradzi sobie sam, nawet gdy ty o niego nie zadbasz. Sięgnie po glikogen z tkanki mięśniowej, potem wyprodukuje glukozę z budulca mięśni, czyli aminokwasów, i pozostanie syty. Ty natomiast będziesz czuć się coraz słabiej, masa tkanki mięśniowej spadnie, natomiast tłuszczowej wzrośnie. Czy warto tak ryzykować dla jednego kabanosa czy parówki? Na dłuższą metę o wiele bardziej opłaca się wybrać chudy twaróg.

Oczywiście, do życia niezbędne są również tłuszcze roślinne stanowiące źródło nienasyconych kwasów tłuszczowych, którymi żywi się serce. Dlatego gdy już zbilansujesz zawartość tłuszczu w produktach białkowych, wzbogacaj posiłki w najbardziej zdrowe dodatki.

- Siemię lniane – 513 kcal, 42 g tłuszczu w 100 g (w łyżeczce – 15,4 kcal, 1,3 g tłuszczu).
- Orzechy laskowe – 646 kcal, 63 g tłuszczu w 100 g.
- Pestki dyni – 556 kcal, 46 g tłuszczu w 100 g.
- Pestki słonecznika (suszone) – 566 kcal, 44 g tłuszczu w 100 g.
- Oliwa z oliwek – 889 kcal, 99,5 g tłuszczu w 100 g.
- Olej rzepakowy, lniany, słonecznikowy – ok. 892 kcal, 100 g tłuszczu w 100 g.

W siemię, orzechy i w nasiona bez problemu zaopatrzysz się na bazarze lub w supermarkecie. Gdy kupujesz oliwę i oleje, zwróć uwagę, aby były sprzedawane w ciemnych butelkach, bo pod wpływem światła tracą swoje właściwości. Szczególnie wrażliwy na utlenianie jest olej lniany, dlatego najlepiej byłoby zaopatrywać się w niego w aptekach lub sklepach ze zdrową żywnością.

...I WRÓG NUMER 1, CZYLI TŁUSZCZE TRANS

W tym miejscu wyjątkowo chcę was ostrzec przed pewną grupą produktów. Chodzi o tłuszcze *trans*, które w świetle najnowszej wiedzy są bardzo niebezpieczne dla zdrowia. Powstają w wyniku zastosowania specjalnej technologii rafinacji tłuszczu roślinnego, z którego usuwa się główne składniki sprzyjające szybkiemu jełczeniu. Są to niestety korzystne dla zdrowia NNKT i witaminy. Struktura tłuszczu zmienia się na niekorzyść również wtedy, gdy jest nieodpowiednio używany do smażenia. Przy produkcji niektórych margaryn stosuje się też np. uwodornienie, które polega na przyłączaniu w bardzo wysokich temperaturach atomów wodoru w miejscu wiązań podwójnych. To bardzo inwazyjny proces. Zdrowe kwasy tłuszczowe omega-3-6-9 przekształcają się wtedy w szkodliwe kwasy tłuszczowe *trans*, które w naturze niemal nie występują. Nasz organizm nie potrafi odróżnić tej błędnej formy od prawidłowej i zachowuje się tak, jakby otrzymywał zdrowy pokarm – wbudowuje kwasy tłuszczowe *trans* w fosfolipidy błon komórkowych komórek w różnych tkankach ustrojowych. Wtedy zaczynają one działać rakotwórczo! Wpływają też na powstawanie wolnych rodników, a więc m.in. przyspieszają starzenie się. Oddziałują niekorzystnie na poziom insuliny, a także obniżają poziom testosteronu. Nie są obojętne dla kobiet w ciąży, bo mają zdolność przenikania przez łożysko. Razem z mlekiem matki trafiają również do organizmu noworodka.

Co więcej, podczas przetwarzania naturalnych tłuszczów niszczone są lecytyna, prowitamina A i witamina E. Zastanawiasz się może, dlaczego nieraz na opakowaniach margaryn widzisz informację, że to produkty bogate w wymienione składniki? Otóż aby choć częściowo naprawić straty, uzupełnia się rafinowane produkty syntetycznymi witaminami. Nie muszę chyba nikogo przekonywać, że tak przetworzony tłuszcz ma mniej walorów zdrowotnych od naturalnego oleju. Staraj się więc jeść masło i oleje tłoczone na zimno, jeśli nie masz pewności, jaką technologię zastosowano przy produkcji margaryny. Zrezygnuj też lepiej ze słodyczy: wafli, ciastek, czekolad, a także chipsów, które są bogate w tłuszcze *trans*, oraz z wszelkich fast foodów.

WITAMINY I SKŁADNIKI MINERALNE

Miło zauważyć, że na naszym talerzu znalazła się odrobina miejsca dla składników nie zawsze widocznych gołym okiem, ale nie mniej niż białka, tłuszcze i węglowodany istotnych dla zdrowia. Nie są one źródłem energii, jednak niektóre znajdują się w układzie kostnym, a na pewno pełnią funkcję strażnika, który dba o prawidłowy przebieg procesów zachodzących w organizmie.

Jak sobie pewnie zdajesz sprawę, nasze ciało podlega nieustannym przemianom. Każdego dnia powstaje w nim ok. 300 milionów nowych komórek. Miesięcznie daje to niewyobrażalną liczbę 9 bilionów. Aby powstała jedna zdrowa komórka, potrzeba całego kompletu witamin i składników mineralnych, bo to o nich mówię. Gdy niektórych zabraknie, nowa komórka jest niekompletna, a to niekorzystnie wpływa na zdrowie i przyspiesza starzenie się organizmu.

Witaminy dzielimy na rozpuszczalne w wodzie (C, B1, B2, B3, B5, B6, B7, kwas foliowy, B12) i rozpuszczalne w tłuszczach (A, D, E i K). Wchodzą one w skład enzymów, które wyzwalają i przyspieszają reakcje biochemiczne w ludzkim ciele, a odpowiedzialne są m.in. za budowanie tkanek organizmu, ich wzrost i regenerację, a także za obronę przed bakteriami z zewnątrz.

Bez składników mineralnych także trudno byłoby nam funkcjonować. W swoich obliczeniach profesor Stanisław Berger wskazał, że 65-latek w ciągu całego życia spożył ok. 0,5 tony składników mineralnych. Składniki mineralne wchodzą w skład krwi, utrzymują równowagę wodno–elektrolitową w organizmie oraz budują nasze kości, skórę, zęby, włosy i paznokcie. Jedna z definicji mówi, iż składnikami mineralnymi są te pierwiastki, które pozostają w postaci popiołu po spaleniu tkanek ciała. U człowieka składniki mineralne składają się na ok. 4% jego masy. Dzielimy je na makroelementy (wapń, fosfor, magnez, sód, potas i chlor, siarka) – ich dzienne zapotrzebowanie przekracza 100 mg, oraz mikroelementy (selen, jod, cynk, mangan, miedź, kobalt i molibden, fluor, chrom, żelazo), których dzienne zapotrzebowanie jest niższe niż 100 mg. Minerały stanowią budulec dla kości, zębów, skóry i włosów (w tej roli występują: wapń, fosfor, magnez, fluor).

Wchodzą także w skład hemoglobiny (żelazo), produkowanej przez tarczycę tyroksyny (jod), związków wysokoenergetycznych ATP istotnych dla szeregu procesów zachodzących w komórce (fosfor), enzymów oraz innych związków odpowiedzialnych za metabolizm (magnez, wapń). Dodatkowo troszczą się o zachowanie bilansu wodnego i równowagi kwasowo-zasadowej organizmu (sód, potas, chlor).

Jak wiadomo, najlepszym źródłem witamin i mikroelementów są warzywa, owoce, zboża, orzechy, pestki, oraz zioła, rośliny jadalne i przyprawy. Dlatego właśnie powinniśmy jeść dziennie 5 porcji owoców i warzyw – najlepiej różnorodnych – a do potraw dodawać orzechy i pestki oraz wzbogacać ich smak przyprawami.

Patrząc pod kątem kalorycznym, sok powinniśmy w gruncie rzeczy traktować jak posiłek. W żadnym razie nie możemy nim zastępować wody, bo prędko utyjemy, a w dodatku się odwodnimy. Chcę zwrócić uwagę na jeszcze jedną rzecz – otóż dzisiejsze warzywa i owoce mają niższą wartość odżywczą niż te, które jedli nasi dziadkowie czy nawet rodzice. To wina wyjałowionej gleby, przesiąkniętej pestycydami i sztucznymi nawozami, zanieczyszczonej pierwiastkami ciężkimi. Warzywa i owoce są dodatkowo tak przetwarzane, aby miały jak najpiękniejszy wygląd i jak najdłuższą trwałość. Przed podróżą poddawane są zabiegom chemicznym, by dobrze zniosły wielokilometrowy transport. Dlatego na targu nie dajcie się skusić bajecznie wyglądającym jabłkom z dalekich krajów. Szukajcie produktów od zaufanych dostawców, może uda się wam kupować bezpośrednio od rolnika produkty uprawiane ekologicznie. Rozważcie też przyjmowanie suplementów witamin i minerałów, oczywiście w ustalanych indywidualnie dawkach, zależnych od wieku, płci, stanu zdrowia, a nawet wykonywanej pracy i aktywności fizycznej.

Czy zarzuciłam was informacjami i czujecie, że czas na chwilę wytchnienia? W takim razie dla odprężenia zaproponuję na koniec idealnie zbilansowany... początek. Śniadanie według mojego przepisu można jeść nawet codziennie.

- 3 łyżki płatków zbożowych.
- 1 łyżka owoców suszonych (np. rodzynek, żurawiny), pestek dyni i słonecznika, posiekanych orzechów.
- 1/2 łyżki siemienia lnianego.
- 100 g chudego twarożku.
- 2 łyżki jogurtu.
- 150 g ulubionych świeżych owoców (arbuz, brzoskwinia, truskawki, porzeczki, jagody, czereśnie, morele, jabłko).
- Cynamon, stewia lub cukier brzozowy albo pół łyżeczki miodu do smaku.

Płatki zmieszane z suszonymi owocami, pestkami, orzechami i siemieniem lnianym zalewamy na noc przegotowaną gorącą wodą. To ważne, bo płatki i nasiona oraz suszone owoce mają to do siebie, że zawsze pęcznieją. Jeśli zjecie je suche, bądź zalane mlekiem tuż przed spożyciem, napęcznieją w układzie pokarmowym, wyciągając z organizmu bogatą w mikroelementy wodę, narażając was np. na odwapnienie kości. Zapobiegajcie więc temu i starajcie się je „napoić" już wieczorem, w miseczce.

Twarożek mieszamy z jogurtem, dodajemy do smaku stewię (naturalny słodzik roślinny, łac. *Stevia rebaudiana*), cukier brzozowy lub też miód. Rano wykładamy płatki i twarożek na talerz, dodajemy pokrojonego arbuza albo brzoskwinię, owoce sezonowe lub starte jabłko. Posypujemy cynamonem do smaku. Gotowe!

Taki posiłek jest idealnie zbilansowany, dostarcza we właściwych proporcjach węglowodany proste i złożone, pełnowartościowe białko z nabiału i niepełnowartościowe z nasion oraz płatków, tłuszczów zwierzęcych i roślinnych. Ma tylko ok. 300 kcal, a daje energię na 3 poranne godziny. W dodatku poprawia humor! Węglowodany pobudzają wydzielanie hormonu szczęścia, czyli serotoniny, białko odpowiada za naszą siłę i żywotność, a wspomaga w tym dopamina. W dłuższej perspektywie takie śniadanie zapewnia dobrą kondycję skóry, włosów i paznokci, co na pewno jeszcze bardziej poprawia nastrój!

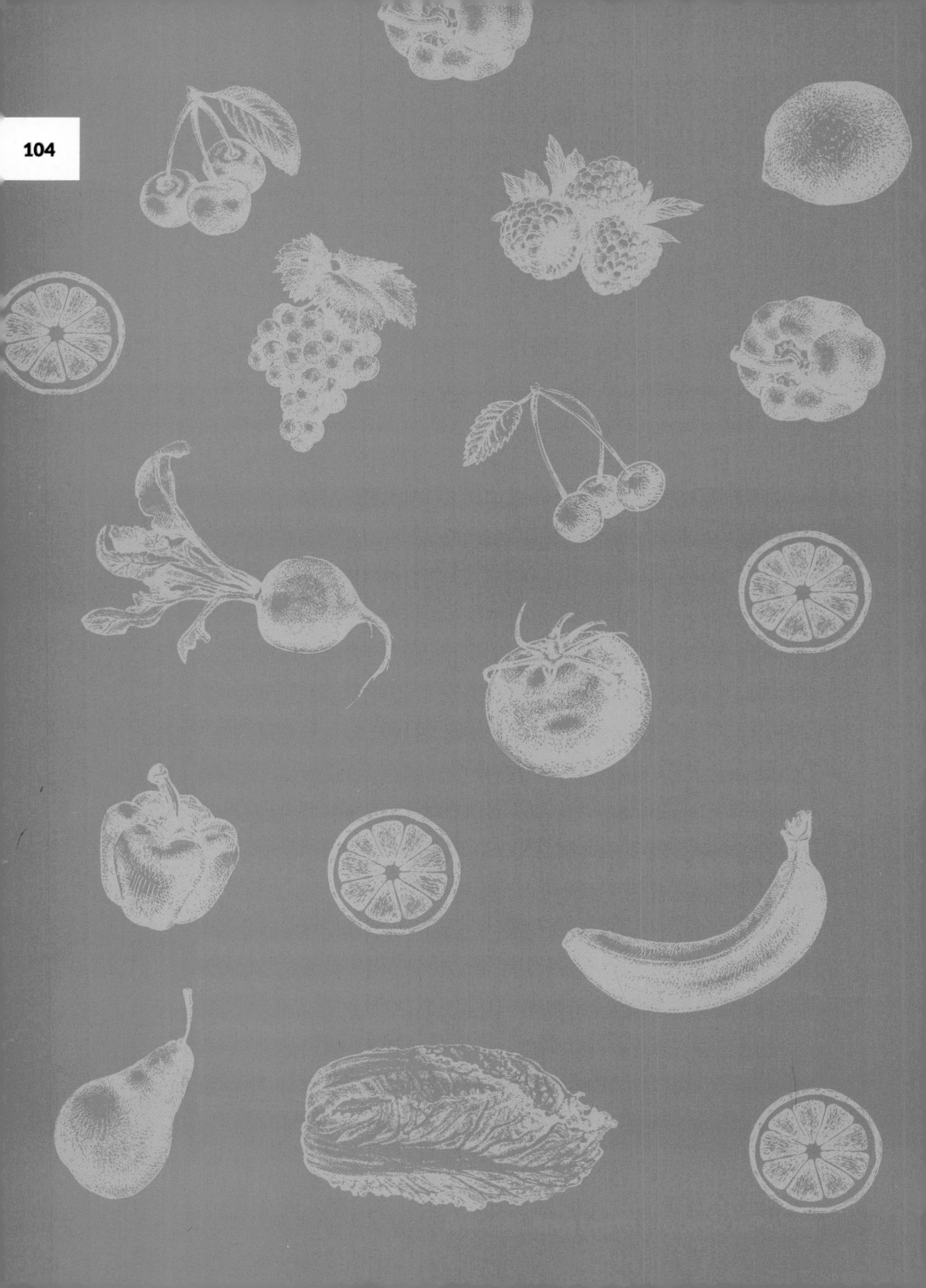

ROZDZIAŁ V

NAPÓJ ŻYCIA
I MŁODOŚCI

ROZDZIAŁ V

NAPÓJ ŻYCIA
I MŁODOŚCI

Prof. Stanisław Berger, polski naukowiec, guru polskiej nauki o żywieniu człowieka, dokonał obliczeń i stwierdził, że 65-letni człowiek w trakcie swego życia spożył przeciętnie 73 tony napojów i pokarmów. W takiej ilości jedzenie może być zarówno lekarstwem, jak i trucizną.

dr n. med. Anna Lewitt • Jedzenie to leczenie

Nie muszę cię przekonywać, że zależy mi, aby stało się tym pierwszym – dlatego powstał ten poradnik. Starałam się wytłumaczyć, jak się odżywiać, by być zdrowym, zadowolonym i atrakcyjnym fizycznie. Teraz chcę opowiedzieć o nie mniej ważnej sprawie – o roli wody dla naszego zdrowia, wyglądu i samopoczucia.

Ludzkie ciało przeciętnie w 60% składa się z wody. Jest ona najważniejszym składnikiem komórek i płynów ustrojowych. Udziałowy procent wody jest zróżnicowany w zależności od narządów. Najmniejszą jej ilość, bo tylko ok. 10%, zawiera tkanka tłuszczowa. Krew i nerki składają się już w ok. 83% z wody, a płuca – w ok. 79%. Beztłuszczowa masa ciała powinna zawierać średnio (przy właściwie utrzymanych mięśniach) ok. 73% wody.

Woda odpowiada za utrzymanie jędrności, wymiarów i kształtów komórek, a zatem za ich zdrowie. Pomaga ponadto zachować równowagę kwasowo-zasadową organizmu, czyli utrzymać prawidłowe pH. Bierze udział w reakcjach biochemicznych, w trawieniu białek, tłuszczów i węglowodanów. Jako główny składnik krwi i limfy przenosi tlen i pożywienie do komórek, a zabiera z nich produkty przemiany materii. „Przepłukuje" nerki, dzięki czemu pomaga usuwać toksyny. I wreszcie – pozwala utrzymać prawidłową temperaturę ciała w procesie termoregulacji.

To tylko niektóre funkcje tego życiodajnego płynu Jeśli szczególnie dbasz o urodę i sylwetkę, zapewne zainteresuje cię również to, że woda pomaga zachować prawidłową objętość krwi, dzięki czemu masz energię m.in. podczas ćwiczeń. Poprawia również koncentrację i czas reakcji – zalety nie do przecenienia. Zwiększa liczbę kalorii spalanych podczas codziennych zajęć, a także pomaga nawilżać skórę, dzięki czemu jest ona gładsza i bardziej elastyczna, a zmarszczki przestają spędzać ci sen z powiek.

DZIEDZICTWO OCEANÓW

Czy pamiętasz badanie metodą bioimpedancji elektrycznej, podczas którego sprawdzaliśmy ilość wody wewnątrz- i zewnątrzkomórkowej? Teraz już wiesz, dlaczego było to takie ważne. Woda wewnątrzkomórkowa to ta, która odpowiada za jakość naszych komórek – ich wygląd, jędrność i funkcjonowanie. Zanurzone są w niej mitochondria. To najważniejsze organella komórek, które produkują energię potrzebną do przeżycia – „piece", w których następuje spalanie składników pokarmowych (dostarczanych przez krew). Mitochondria mogą zajmować nawet do 50% objętości komórki. Stanowią głównie o komórkowej masie ciała, co w dużym stopniu decyduje o prawidłowym odżywieniu lub niedożywieniu organizmu, a także o jego wydolności.

Jeśli masz w domu kominek, wiesz doskonale, co się dzieje, gdy spalimy pewną materię: węgiel, drzewo, papier. Powstaje energia, czyli ciepło, ale mamy też do czynienia ze skutkami ubocznymi – pojawia się popiół. W przypadku komórek takim „popiołem" są toksyny, jakie powstają w procesie „spalania" składników pokarmowych. Następnie wypychane są one na zewnątrz komórki, oczyszczane z przestrzeni międzykomórkowych i usuwane wraz z płynami ustrojowymi organizmu. Rolę szufelki do usuwania popiołu odgrywa wypijana przez nas woda.

Aby lepiej zrozumieć ten proces, cofnijmy się miliardy lat wstecz, do początków życia na Ziemi. Wówczas to w morzach żyły organizmy jednokomórkowe. Charakterystyczny dla nich był nieskomplikowany sposób odżywiania się bezpośrednio ze środowiska wodnego i podobnie proste wydalanie produktów przemiany materii. W przebiegu ewolucji nastąpił proces zespolenia jednokomórkowców w tkanki, narządy i układy narządów. Organizmy migrujące masowo z mórz na lądy zabrały ze sobą pierwotne otaczające środowisko wodne jako własne środowisko wewnętrzne. W przeciwieństwie do bezkresu oceanów środowisko wodne, w którym obecnie żyją komórki organizmów wielokomórkowych, jest bardzo małe. Stanowi je woda zewnątrzkomórkowa, której przestrzeń ogranicza nasza skóra. Właśnie do przestrzeni międzykomórkowych usuwane są produkty przemiany materii Aby wydostały się na zewnątrz ciała, trzeba im pomóc, dbając o odpowiedni poziom i rotację wody w organizmie.

SZKLANKA ZA SZKLANKĄ

W ciągu dnia tracimy jednak – podczas wydalania, oddychania czy pocenia się – ok. 2–2,8 litra tego cennego płynu. Organizm pozostanie w stanie równowagi, jeśli dostarczymy mu taką samą ilość. Dzienne zapotrzebowanie zdrowego (nieodchudzającego się) człowieka na płyny łatwo obliczyć. Na każdy kilogram masy ciała trzeba w ciągu doby wypijać 30 ml wody:

$$30 \text{ ml} * x \text{ [masa ciała w kg]}$$

Inny wzór wskazuje, że podstawowe zapotrzebowanie na wodę to 1,5 litra, natomiast na każdy kilogram masy ciała powyżej 20 kg powinniśmy wypijać dodatkowe 25 ml:

$$1500 \text{ ml} + x * 25 \text{ ml [x – ilość kg powyżej 20]}$$

I wreszcie, warto pamiętać, że do uzyskania 1 kcal energii potrzeba 1 ml wody.

Kobieta mająca masę ciała 60 kg powinna więc wypijać w ciągu dnia 1,8 litra wody, czyli ok. 9 szklanek.

W czasie upałów albo aktywności fizycznej ta ilość się zwiększy, nie powinna jednak przekraczać 3,6 litra, gdyż grozi to niewydolnością nerek.

Oczywiście może się zdarzyć, tak, że nie jesteście przyzwyczajeni do picia wody. Wśród moich pacjentów są osoby, które nie robiły tego od lat. Swoje zapotrzebowanie na płyny zaspokajały, sięgając po herbatę, soki, napoje, kompoty, zupy czy wreszcie soczyste owoce i warzywa, takie jak arbuzy, melony, truskawki, jabłka, fasolka szparagowa. To oczywiście dobre źródła, ale niewystarczające. Dotyczy to szczególnie herbaty, która ma działanie przeciwne do zamierzonego – odwadnia organizm. Dlatego każda jej szklanka powinna być popita (tak!) szklanką wody. Jeśli jesteś kawoszem – każdą filiżankę kawy popij dwukrotną ilością wody. I oczywiście pamiętaj, że to jedynie dodatek, a oprócz tego musisz wypić kilka tych obowiązkowych szklanek.

Sprawa wygląda nieco inaczej, gdy zaczynasz się odchudzać. Wtedy organizm musi sobie poradzić nie tylko z „popiołem" powstałym podczas normalnej przemiany materii, ale i z toksynami, jakie są efektem ubocznym spalania nagromadzonej latami tkanki tłuszczowej. Dlatego właśnie w tym okresie szczególnie ważne jest zwiększone spożywanie wody. Powiem więcej – woda to podstawa odchudzania! Jeśli nie jesteś w stanie wyobrazić sobie, że będziesz przyjmować więcej płynów niż zwykle (jak dużo – za chwilę ci wytłumaczę), lepiej w ogóle nie rozpoczynaj kuracji, bo zmęczy cię ona, a nie przyniesie oczekiwanych skutków.

Czy znasz historię dwunastu prac Herkulesa? Mityczny bohater Herkules dostawał zadania z pozoru niemożliwe do wykonania. Jednym z nich było oczyszczenie z nagromadzonego latami brudu stajni króla Elidy Augiasza. Nikomu wcześniej się to nie udało. Wszelkie próby mycia ścian i podłogi, polewania ich wodą z wiadra i szorowania, jedynie naruszały warstwę nieczystości, nie usuwając ich do końca. Herkules jednak wpadł na prosty, ale genialny pomysł. Skierował bieg pobliskich rzek tak, by przepływał on przez środek stajni. Silna, wartka woda wpadła do pomieszczenia, zmyła nieczystości i zabrała je ze sobą, a bohater po raz kolejny udowodnił, że zasługuje na miano herosa.

Podobny proces zachodzi w twoim ciele podczas odchudzania. Jeśli chcesz przeprowadzić je do końca, usunąć zalegające toksyny i pozwolić oczyszczonym komórkom na nową, niczym niezakłóconą pracę spalania zbędnego tłuszczu i usuwania toksyn na bieżąco po jego spaleniu, musisz działać jak Herkules i wykorzystać moc strumienia wody. W tym czasie będziesz pić więcej od 30 ml aż do 60 ml wody na każdy kilogram masy ciała. Jeśli ważysz 70 kg, będziesz wypijać maksymalnie: 70 (kg) * 60 (ml) = 4,2 l, a minimalnie: 70 (kg) x 30 (ml)=2,1 l wody dziennie.

Oczywiście wszystko w granicach rozsądku. Jeśli twoja masa ciała to 100 kg, nie możesz wypijać 6 l wody dziennie, bo narazisz się na niewydolność nerek. Z tego też powodu ponownie zachęcam cię do przeprowadzenia kuracji odchudzającej pod okiem dietetyka (mając ten poradnik, wiesz jakie pytania należy zadać lekarzowi i jakie tematy poruszyć podczas rozmowy). Przed przystąpieniem do odchudzania – a więc również zwiększonego poboru wody – bezwzględnie musisz przeprowadzić następujące analizy laboratoryjne krwi i moczu: morfologia, poziom cholesterolu, glikemia na czczo, kwas moczowy, poziom kreatyniny w surowicy krwi, badania na obecność w moczu białka, cukru, krwinek białych i czerwonych, poziom elektrolitów, szczególnie sodu, potasu, chlorków, a także GFR (wskaźnik przesączania kłębuszkowego lub filtracja kłębuszkowa). Dzięki tym analizom sprawdzisz między innymi, czy nadwaga nie upośledziła czynności nerek i czy możesz bezpiecznie zwiększyć spożycie płynu.

No właśnie, zwiększyć... Ale co zrobić, jeśli ktoś w ogóle nie jest przyzwyczajony do picia wody? Jak to zazwyczaj w życiu bywa, sprawdza się rozważna metoda małych kroków. **Zacznij od wypicia pomiędzy posiłkami 1 szklanki wody. Sięgaj po nią nie podczas jedzenia, ale przynajmniej 15 minut po posiłku i maksymalnie 15 minut przed kolejnym.** Pij nie jednym haustem, ale powoli, łyk po łyku, tak aby szklanka wystarczyła na trzy godziny. Jeżeli jesz pięć posiłków dziennie, ta prosta metoda da ci pięć szklanek w ciągu dnia – to już 1,25 litra. Następnego dnia spróbuj wypić jedną szklankę więcej – będziesz mieć wtedy 1,5 litra wody. I tak systematycznie, każdego kolejnego dnia zwiększaj ilość wypijanej wody o jedną szklankę, aż dojdziesz do dwóch szklanek wypijanych między posiłkami. Da ci to aż 2,5 litra wody dziennie! Jest to taka ilość, jaką powinien wypić, niezależnie od pory roku, zdrowy człowiek o wzroście powyżej 165 cm. Drobniejszym osobom – do 160 cm wzrostu i 50 kg wagi – wystarczy ok. 1,5 litra wody dziennie. Jeśli jednak chcesz się odchudzać, sięgnij po przynajmniej 2,5 litra – to minimum, jakie zapewni trwały efekt. Do tego trzeba dodać litr wody wypijany przy okazji godzinnych ćwiczeń cardio (bez obaw, picie podczas treningu na bieżni czy szybkiego chodu przyjdzie ci bez najmniejszych problemów).

Na rezultaty takiej wodnej terapii nie trzeba będzie długo czekać. Gołym okiem zobaczysz bardziej nawilżoną, jędrniejszą skórę, będziesz też mieć więcej energii. Możesz przy tym wspomóc się suplementami, które transportują wodę do wnętrza komórek. Gwarantuję ci, że działają, ale pod jednym warunkiem: musisz samodzielnie dostarczać organizmowi wodę. Mała tabletka oczywiście sama z siebie nie nawilży skóry, ale potrafi wzmocnić efekty twoich działań.

Z LODEM CZY Z DODATKAMI?

Jaką wodę wybierać? Każdą! To może być drogi, markowy produkt, jeśli takie lubisz, ale też najzwyklejsza woda z supermarketu. Najważniejsze, żeby w ogóle po nią sięgać. Jest tylko jeden warunek – w trwającym procesie odchudzania i zwiększenia ilości wypijanej wody (powyżej 2,5 litra) nie może to być woda czysta, taka bowiem rozcieńcza płyny międzykomórkowe, a tym samym zmienia stężenie jonów w organizmie. Należy ją uzupełnić elektrolitami, jakie można kupić m.in. w sklepach dla sportowców. Zawierają one witaminy i składniki mineralne, dodatkowo bywają wzmocnione L-karnityną i magnezem. Dostarczają więc składników pomocnych nie tylko przy wysiłku fizycznym i odchudzaniu, ale też zmęczeniu czy znużeniu psychicznym. L-karnityna wpływa na metabolizm tłuszczów, a magnez bierze udział w bardzo wielu procesach zachodzących w organizmie.

Dobrym i zdrowym zamiennikiem dla elektrolitów będzie odrobina naturalnego, niesłodzonego soku np. z czarnego bzu czy innych owoców jagodowych. Inny pomysł to sok z aloesu, który m.in. wzmacnia organizm i usuwa stany zapalne. Wchłania się niezwykle szybko, a regeneracja organizmu, którą stymuluje, następuje już na podstawowym poziomie komórkowym.

Możesz również sięgnąć po sok z aronii, którego wartości nie sposób przecenić. Wpływa korzystnie na zdrowie, regulując poziom cukru we krwi, cholesterolu, wspomaga także pracę serca. Równie pozytywną rolę odgrywa w procesie odchudzania, stymulując spalanie tłuszczu. Wymienione preparaty dawkujemy w proporcjach 100 ml na 1,5 l wody. Ich dużą zaletą jest również to, że są po prostu smaczne i sprawiają, że o wiele łatwiej pić wodę, zwłaszcza osobom, które nie były do tego przyzwyczajone.

Domowy napój „izotoniczny" można tez przygotować samemu. Składniki:

- 1,5 litra wody,
- 1 łyżeczka miodu,
- sok z 1/2 cytryny,
- szczyptę soli.

Wszystkie składniki dobrze wymieszać i pozostawić na kilka godzin w spokoju.

Taki napój przysporzy energii i nie da szans toksynom. W dodatku jego słodki smak sprawi, że będziecie mieć mniejszą ochotę na słodycze. A skoro o tym mowa, wszystkich słodyczoholików, kobiety niemogące żyć bez czekolady i mężczyzn, którzy nie wyobrażają sobie dnia bez sięgnięcia po batona, zapraszam do następnego rozdziału...

ROZDZIAŁ VI
SŁODKI WRÓG

ROZDZIAŁ VI

SŁODKI WRÓG

Za swój osobisty sukces uważam to, że udaje mi się skłonić ludzi, by zmienili swoje nawyki żywieniowe, zaczęli jeść pięć posiłków dziennie i pić więcej wody. Umiem przekonać ich, by przygotowywali zdrowe dania dla siebie i rodziny, zamiast siedzieć bezczynnie przed telewizorem. Zdarzało mi się ściągać z kanapy zagorzałych leni, wkładać im do rąk butelkę wody i namawiać do marszu. Zamieniałam zadeklarowane „sowy" w „skowronki", które ćwiczyły w Centrum Ego o świcie – wcześniej o tej porze kładły się spać! Ale jeden przeciwnik wydaje mi się naprawdę groźny – słodycze.

Wszystko dlatego, że słodkości to dla wielu osób nie tylko smaczny dodatek na zakończenie zdrowego obiadu, ale coś więcej – plaster na trudy życia. Kłótnia z mężem i dziećmi? Nerwy ukoi paczka herbatników spałaszowana w ekspresowym tempie i pokropiona łzami. Szef każe zostać po godzinach? Odruchowo sięgasz po schowanego na czarną godzinę batona – potrzebujesz przecież więcej energii do pracy... Kolejny samotny wieczór przed telewizorem? Pochłaniasz wielkie pudło lodów popitych winem, bo tak przecież robią bohaterki twoich ulubionych seriali. Czujesz pustkę w życiu, nie stać cię na wakacje, od pół roku nie możesz znaleźć pracy, masz pracę, ale w biurze ciągły stres, mąż wiecznie poza domem, zarabiacie dobre pieniądze, ale za jaką cenę... Lekarstwem na każdy z tych smutków jest czekolada. Przecież poprawia humor i w dodatku jest zdrowa, bo bogata w magnez – tak to sobie tłumaczysz. Cokolwiek by się nie działo, rozwiązaniem problemu – pozornym i niebezpiecznym, jak za chwilę udowodnię – są dla ciebie słodycze.

WSZYSCY KOCHAMY CZEKOLADĘ?

Czasem chęć na słodycze bywa tak wielka, że aż destrukcyjna. Wśród moich pacjentek są młode, wykształcone, nieźle zarabiające kobiety, które wiedzą dużo o zdrowym żywieniu, a w dodatku interesują się modą i potrafią świetnie dobierać ciuchy. Cóż z tego, skoro nadwaga nie pozwala im w pełni cieszyć się swoimi możliwościami. Słyszę czasem, że „kochają swoje krągłości". Odróżnijmy jednak piękne, kobiece zaokrąglenia tu i ówdzie od nadmiaru kilogramów czy wręcz otyłości. Jestem przekonana, że w tym drugim przypadku taka „miłość" to wymówka, która nie pozwala rozstać się z najbliższymi przyjaciółmi, a zarazem największym wrogiem – słodyczami.

Jeśli czujesz, że uzależnienie od nich to twój problem, potrzeba ci będzie sporo silnej woli, aby go rozwiązać. Niekiedy odstawienie słodkości będzie wymagało dokładnego przyjrzenia się swoim emocjom, bywa że w konsultacji z psychologiem czy z terapeutą. Nie będę wchodzić w tę tematykę, bo wykracza ona poza ramy mojego poradnika. Mogę Ci natomiast wytłumaczyć, jaka jest fizjologia pociągu do słodyczy i poradzić, jak dobrze zbilansować dietę, aby jeść zdrowo nawet w sytuacjach przewlekłego stresu, zamiast sięgać po tuczący czekoladowy „plaster".

Oczywiście nie zamierzam ukrywać, że także czekolada ma swoje zalety. Istotnie, wywołuje uczucie zadowolenia, rozjaśnia umysł, dodaje energii. Magnez reguluje aktywność komórek nerwowych, cynk i selen sprawiają, że wydzielanie endorfin wzrasta. Nastrój zależy w znacznej mierze od poziomu serotoniny. Czekolada pobudza jej wydzielanie, a działając w ten sposób, poprawia humor.

Są jednak zdrowsze sposoby na osiągnięcie pogody ducha. Jednym z nich jest ruch, o którym nieraz już mówiłam w tym poradniku. Bez względu na pogodę starajcie się spędzać dużo czasu na świeżym powietrzu. W ten sposób także przyzwyczajacie swój organizm do zmian temperatury bez oznak przeziębienia – po prostu się hartujecie. Kontrolowany ruch na świeżym powietrzu nie ma praktycznie żadnych wad, czego o czekoladzie – mimo wymienionych dobrych stron – powiedzieć nie można.

Zawiera ona bowiem kofeinę i teobrominę, które sprawiają, że istnieje ryzyko uzależnienia się od tego smakołyku. Ziarna kakaowca są bogate w alkaloidy o działaniu podobnym do morfiny czy kokainy. Częste spożywanie czekolady skutkuje próchnicą zębów i pogorszeniem stanu cery. Podejrzewa się również, że nadmiar cukru w diecie niszczy kolagen i elastynę, prowadząc do powstawania przedwczesnych zmarszczek. Migreny i innego typu bóle głowy również mogą być efektem ubocznym upodobania do słodkości.

Ponad wszelką wątpliwość częste spożywanie czekolady powoduje wzrost masy ciała, a w efekcie prowadzi do otyłości. Z powodu dużej zawartości cukru i tłuszczu jest ona bombą kaloryczną. Pewną rolę w drodze do otyłości odgrywa także brak błonnika i powtarzające się zaparcia, które mają związek z tym, że osoby uzależnione od czekolady spożywają niewiele owoców i warzyw. Z tym smakołykiem nie wolno więc przesadzać, a jeśli już się skusimy, starajmy się zjeść nie więcej niż jedną lub dwie kostki.

Wiecie już, że cukry proste spożywane w nadmiarze mają negatywny wpływ na organizm ludzki. Między innymi powodują wzrost poziomu glukozy we krwi. Przenika ona z układu trawiennego do krwiobiegu, a wtedy komórki krwi niszczone są przez przecukrzenie (zachodzi tzw. efekt osmotyczny cukru). W podobny sposób zabijane są bakterie w konfiturach, przez co przetwory zyskują wielomiesięczną trwałość – to zjawisko wykorzystywały gospodynie domowe, przygotowując dżemy, konfitury czy nalewki. Nasz inteligentny organizm stara się jednak zniwelować negatywny wpływ nadmiaru cukru. Gdyby nie sprawny mechanizm obronny przed przecukrzeniem, to zjedzona jednorazowo tabliczka czekolady zniszczyłaby potrzebne do życia komórki ustroju.

INSULINA...

Ten hormon znają niemal wszyscy. Insulina wydzielana jest przez ważny narząd endokrynny i trawienny, czyli trzustkę. Reguluje ona gospodarkę cukrową organizmu. Umiarkowana dostawa cukru sprawia, że komórki trzustki działają prawidłowo, produkując i uwalniając insulinę. Jednak znaczne przecukrzenie krwi zagraża zdrowiu, a nawet życiu. U osób starszych, w nadmiarze jedzących węglowodany, w trzustce jest zaledwie 30% zdrowych komórek wytwarzających insulinę! To sytuacja, w której nawet niezbędne dla organizmu ilości glukozy stają się zagrożeniem. Nietolerancja glukozy powoduje przecież powstajnie niebezpiecznej choroby zwanej cukrzycą.

Insulina ma za zadanie usuwania glukozy z krwi do tkanek. Jej umiarkowany poziom sprawia, że „odbiorcą" glukozy są wątroba i mięśnie szkieletowe. Po przekroczeniu dopuszczalnej ilości cukru, zagospodarowanie go przez te narządy staje się jednak niemożliwe. Glukoza trafia wtedy przede wszystkim do tkanki tłuszczowej. A ponieważ do mózgu może być dostarczona tylko z krwią, następuje jej deficyt, a mózg zaczyna być głodny. Jego wołanie: „Jeść!" przy niedoborze glukozy skutkuje nagłą i nieopanowaną chęcią na coś słodkiego, czyli wilczym głodem. Paradoks polega na tym, że na życzenie głodnego mózgu lawiną spływają słodycze, którym trzustka stawia tamę w postaci insuliny. Nadmiar cukru, którego hormon nie jest w stanie wprowadzić do tkanek, a wątroba przerobić na glikogen, zamieniany jest w tkankę tłuszczową. Mózg natomiast nadal pozostaje głodny i dopomina się o swoje – taki jest właśnie mechanizm uzależnienia od słodyczy.

Jeśli jednak trzymasz się moich zasad dotyczących diety składającej się z pięciu zbilansowanych posiłków dziennie, organizm zaczyna pracować normalnie, a poszczególne organy we właściwy sposób pełnią swoją funkcję. Insulina, jako czynnik stymulujący odkładanie tłuszczu, po posiłku inicjuje wydzielanie w tkance tłuszczowej hormonu sytości, czyli leptyny. Ona z kolei zmniejsza wydzielanie insuliny przez trzustkę i w efekcie zanika bodziec, który stymulował gromadzenie tłuszczu. Leptyna pobudza także ośrodek sytości w podwzgórzu mózgu – wysyła mu sygnały, że jesteśmy najedzeni – w ten sposób hamuje apetyt.

Uważam, że bezpieczna ilość cukru prostego (np. ze słodyczy, soków i owoców, nalewek, piwa) w jednorazowej dawce spożywanej do głównego posiłku, nie powinna przekraczać około 50 kcal dla kobiet i około 100 kcal dla mężczyzn. Przypomnij sobie tabele kaloryczne z rozdziału o bilansowaniu diety – można przyjąć, że pół szklanki tak lubianych przez panie owoców ma około 50 kcal. Warto też zwrócić uwagę panów, że piwo – nawet to niesłodkie i ekologicznie warzone – w połowie szklanki zawiera około 100 kcal. Nadmiar węglowodanów paradoksalnie prowadzi też do spożywania obfitych posiłków (golonka do piwa!), a w efekcie pojawiają się nadwaga i problem ze zdrowiem. Przecukrzeniu krwi zapobiega głównie wątroba. Przy normalnej podaży cukru produkuje ona pożyteczne dla zdrowia substancje. Przy nadmiarze glukozy wytwarza jednak tłuszcz i cholesterol, które wnikają do krwiobiegu. Przecukrzona krew, tłuszcz i cholesterol, utlenione w obecności glukozy, wytwarzają niezwykle groźną blaszkę miażdżycową. Tak rozpoczyna się choroba cywilizacyjna zwana miażdżycą, która ma swe źródła w złej diecie.

...I INNE CUDOWNE HORMONY

Czy przyszło wam kiedykolwiek do głowy, że ludzkie ciało składa się ze 100 bilionów komórek, a mimo to potrafi funkcjonować jako jedna całość?

W naszych organizmach w każdej sekundzie zachodzą miliony reakcji biochemicznych pobudzanych przez hormony. To substancje organiczne, które wraz z krwią przenoszą informacje do wszystkich komórek ciała. Odpowiednia cząsteczka danego hormonu, czyli dostawca informacji, dąży do swojego odbiorcy, jakim jest konkretny receptor. Na miejscu przeznaczenia wiąże się z powierzchnią komórki, przez co stymuluje konkretną reakcję biologiczną. Hormony mają wpływ na wszystkie sfery aktywności człowieka: od rozmnażania się i wzrostu, przez dojrzewanie i regenerację, po metabolizm i nastrój.

UWAGA STRES!

Kiedy żyjesz w ciągłym napięciu, rozregulowuje się układ hormonalny, a w szczególności wydzielanie adrenaliny – odpowiedzialnej za błyskawiczną reakcję na zagrożenie lub stres. Gdy ten ostatni staje się przewlekły, zachodzi silny i trwały wzrost kortyzolu. To z kolei trwale niszczy układ mięśniowo-szkieletowy, doprowadzając do destrukcji mięśni, a w konsekwencji do spowolnienia metabolizmu. Przy okazji niszczeniu ulega kolagen, co ma bezpośredni i niestety negatywny wpływ na urodę i zdrowie.

Oba wymienione hormony wpływają też na przemianę materii. Adrenalina, jako antagonista insuliny, zwiększa m.in. stężenie glukozy we krwi. Kortyzol ma podobne działanie, a dodatkowo zaburza działanie leptyny. Ona, jak już wiadomo, odpowiada za apetyt. Wytwarzana jest głównie przez komórki tkanki tłuszczowej i informuje mózg o ilości energii dostępnej z zapasów tłuszczowych.

Leptyna, podobnie jak insulina, zwiększa wrażliwość na sygnały sytości. Gdy dotrze do mózgu, jest to sygnał dla organizmu, że należy skończyć jedzenie (stąd bierze się popularne powiedzenie, że potrzeba 20 minut, by poczuć, że jesteśmy syci). Kiedy jednak do akcji wkracza stres, poziom kortyzolu znacznie się podnosi (nawet kilkukrotnie w przypadku długotrwałego napięcia) i ten system zaczyna działać wadliwie. Leptyna nie przedostaje się do mózgu, a zatem nie otrzymuje on informacji, że czas skończyć posiłek. My z kolei tracimy panowanie nad spożywaniem pokarmów. Kortyzol sprawia ponadto, że pod wpływem długotrwałego stresu tkanka tłuszczowa w organizmie przemieszcza się, osadzając się na brzuchu, twarzy i w okolicach karku. Dlatego też słynny „brzuch piwny" u panów (a coraz częściej i u pań) wcale nie musi być oznaką upodobania do złocistego trunku. Może on – zwłaszcza gdy towarzyszy mu obniżenie nastroju czy brak energii – świadczyć o przedłużającym się napięciu nerwowym.

Aby mieć pewność, jak wygląda to w twojej sytuacji, najlepiej skontaktować się z dietetykiem lub lekarzem i przeprowadzić laboratoryjne badania poziomu kortyzolu. Inne parametry, jakie warto oznaczyć, to poziom glukozy na czczo, insuliny oraz leptyny. Gdy tej ostatniej wydziela się zbyt dużo, powstaje tzw. leptynooporność – organizm, chroniąc się przed zalewem hormonu, tworzy barierę między krwią a mózgiem, do którego w efekcie przestają docierać sygnały sytości. Ludzie cierpiący na anoreksję mają w organizmie zaledwie 0,03 mg leptyny, natomiast otyli – aż 150 mg. Oznacza to, że opisany mechanizm nie działa u nich właściwie. Leptyna jest ponadto skorelowana z insuliną. Gdy jemy wiele cukrów prostych, poziom insuliny we krwi się zwiększa, a tym samym rośnie również ilość leptyny. I ponownie, kiedy jest jej zbyt dużo, przestajemy czuć, że jesteśmy najedzeni. Jeżeli ktoś cierpi na otyłość i spożywa słodycze bez umiaru – nie tylko dla przyjemności, poradzenia sobie ze stresem czy zrekompensowania nieprzyjemnych przeżyć – to oznacza, że nadawany z mózgu sygnał uległ zakłóceniu. Taki człowiek nigdy nie ma dość słodkości i czuje, że jest wobec swojego problemu bezradny. Może mu pomóc jedynie psycholog, dietetyk i własna konsekwencja i upór w ograniczaniu spożywania słodyczy.

Na szczęście poziom insuliny, leptyny i kortyzolu można wyregulować właściwą dietą. Na początek proponuję pseudogłodówkę, po której być może zechcesz jeść według mojej metody pięciu posiłków dziennie.

KRÓTKA PSEUDOGŁODÓWKA – BROŃ PRZECIW SŁODYCZOM

Będziesz potrzebować nieoczyszczonego ryżu oraz dobrego źródła białka. Najchętniej wykorzystuję w swojej metodzie białko serwatki z mleka wyizolowane od laktozy, kazeiny i tłuszczu mlecznego, wzbogacone o witaminy. Jeśli nie chcesz korzystać z tego rodzaju preparatu, zapewnij sobie inne źródło chudego białka. To mogą być np. białka z 7 jajek, które dodasz do ryżu.

Przez 24 godziny stosuj lekkostrawną dietę ryżową. Najlepiej, jeśli zaplanujesz ją w dzień wolny od pracy, np. w sobotę, kiedy możesz odpocząć i nie narażasz się na dodatkowy stres. Przygotowania zacznij już w piątek wieczorem. Weź 300–400 g brązowego ryżu, zalej to 2,5 razy większą ilością wody. Gotuj bez soli przez ok. 10 minut, a następnie naczynie zawiń w gazetę lub torbę termoizolacyjną i sposobem znanym z gotowania kaszy opatul puchową kurtką. Rano ryż będzie gotowy. Wartość kaloryczna całodziennej dawki to 1050–1400 kcal. Podziel całość na 5 porcji i jedz co 3 godziny. Jeśli wydaje ci się, że to zbyt rzadko – sięgaj po ryż za każdym razem, gdy poczujesz głód. Oprócz tego 4–5 razy dziennie wypij do ryżu dodatkowo shake proteinowy. Każda porcja napoju przygotowanego na wodzie dostarczy ci ok. 100 kcal, jednak do metabolizowania takiej ilości białka niezbędna będzie bardzo duża ilość energii. Koszt energetyczny przemian wewnątrzkomórkowych jest największy w przypadku białek. Oznacza to, że organizm będzie musiał pobrać najprawdopodobniej całą energię z ryżu a także dodatkowo z własnej tkanki tłuszczowej. Na tym właśnie polega pseudogłodówka, która nie powoduje destrukcji mięśni i dostarcza składniki odżywcze dla mózgu. Dlatego zdrowsza niż jakikolwiek „detoks" polegający np. na jedzeniu tylko warzyw i skutkujący obniżeniem masy mięśniowej. W czasie stosowania tej diety pij dużo wody, przynajmniej 3 l itryna dobę. Dodawaj do niej suplementy, o których wspomniałam w rozdziale V: sok z aronii, aloesu lub elektrolity.

Nawet jednodniowa pseudogłodówka powinna obniżyć poziom leptyny w organizmie. Jeśli masz więcej czasu i możesz zorganizować małe wakacje od stresu, zafunduj sobie aż cztery dni oczyszczającej diety ryżowo-białkowej. Uchroni cię ona przed atakami wilczego głodu, pomoże pozbyć się obrzęków i przygotuje twój uzależniony od słodyczy organizm do przejścia na odżywianie według mojej metody. Każdego dnia zjadaj 300-gramową porcję ryżu i 4–5 porcji protein. Jeśli zechcesz, możesz zastąpić którąś z porcji shake'a 7 białkami jajka (wolałabym jednak, aby to był shake z izolatu białek serwatki, ponieważ tak duża ilość białek z jaj może uczulić, a w shake'u serwatkowym są dodatkowo witaminy i składniki mineralne). Pamiętaj oczywiście o piciu wody z suplementami, czyli witaminami i minerałami!

Nie przejmuj się, jeśli w czasie stosowania tej diety będziesz częściej niż zwykle odwiedzać toaletę – to znak, że oczyszczanie organizmu przebiega prawidłowo.

Do programu żywienia trzeba koniecznie dołączyć ćwiczenia fizyczne o umiarkowanej intensywności, np. spacer, szybki marsz, przejażdżkę na rowerze. Postaw na ruch na świeżym powietrzu, dzięki któremu dotlenisz organizm i zrelaksujesz się. Dietę oczyszczającą warto też połączyć z „detoksem" psychicznym. Ogranicz obowiązki, zwolnij tempo życia, możesz też medytować lub przeczytać dobrą książkę – dozwolone jest wszystko, co cię odpręży i oczyści twoją duszę z natłoku zbędnych (często negatywnych) myśli. Po zakończeniu oczyszczania zacznij odżywiać się według mojej metody: 5 posiłków dziennie, spożywanych regularnie, przynajmniej 2,5 litra wody z elektrolitami na dobę, a dodatkowo dobrej jakości białko, czyli np. napoje proteinowe. Gdy czas goni, terminy przytłaczają, a ręce trzęsą się od napięcia, możesz mieć wprawdzie trudność z zachowaniem regularności posiłków – to naturalne – ale postaraj się. Włącz budzik, alarm w komórce, w chwilach spokoju przygotowuj większe ilości jedzenia, żeby mieć zapas na te chwile, kiedy ogarnie cię zmęczenie zbyt duże, by działać.

Pod wpływem proponowanej przeze mnie diety przypuszczalnie zmniejszy się również poziom kortyzolu. To właśnie odróżnia ją od radykalnych kuracji odchudzających, które zamiast pomagać napiętym nerwom, zwiększają stres (głód jest jednym z najsilniejszych czynników, jakie go wywołują). Jeśli zastosujesz się do moich rad, będzie ci łatwiej poradzić sobie z napięciem. Oczywiście nie zastąpi to poszukiwania rozwiązań twoich problemów. Być może konieczna okaże się rozmowa z psychologiem albo przedyskutowanie sprawy z przyjaciółką. Może przyda ci się kilka dni wolnego na przemyślenia, a może trzeba będzie zdecydować się na radykalny krok – zmianę pracy, separację czy przeprowadzkę. Niezależnie od tego, co wybierzesz, możesz mieć pewność, że dobrze zbilansowane jedzenie da ci energię do działania.

LEKARSTWO NA NERWY

Przewlekły stres nie jest najlepszym momentem na stosowanie diety redukcyjnej, dlatego możesz spożywać więcej niż zwykle cukrów prostych, pamiętaj jednak, by bezwzględnie łączyć je z białkiem. Jak już wiesz, to dzięki niemu organizm wytwarza serotoninę, której produkcja jest stymulowana przez węglowodany. Jeśli chcesz zapewnić sobie stały dopływ hormonu szczęścia, najrozsądniej będzie zjeść co trzy godziny posiłek zawierający odpowiednie proporcje białka do węglowodanów prostych i złożonych. Cukry proste zapewnią natychmiastowy zastrzyk glukozy, gdy tymczasem zboża będą ulegać powolnemu wchłanianiu. Dzięki temu oprócz dobrego humoru zyskasz stały dopływ energii przez kolejne godziny.

Białko ma jeszcze jedną ważną zaletę. Otóż w stresie z mięśni uwalniane są aminokwasy i glutation. W efekcie masa mięśniowa ulega powolnemu niszczeniu. Jak już dobrze wiesz, wraz z jej destrukcją spowalnia się metabolizm. Białko i pozostałe dobrze zbilansowane składniki w diecie zabezpieczą cię przed tymi efektami. Leczeniem stresu jest więc spożywanie posiłków zawierających glukozę – najlepiej pochodzącą ze skrobi, czyli ze zbóż – oraz białek, które nie tylko buduje mięśnie, ale sprawiają, że nawet przy dużej podaży produktów wysokowęglowodanowych zmniejsza się ich indeks glikemiczny, czyli szybkość wnikania glukozy do krwi.

INDEKS GLIKEMICZNY I ŁADUNEK GLIKEMICZNY

Oswoiliśmy się już z pojęciem indeksu glikemicznego, jego wartość jest nawet podawana na opakowaniach produktów spożywczych. Czy jednak wiecie, że istnieje również ładunek glikemiczny, którego wartość jest równie ważna dla naszego zdrowia i odchudzania?

Indeks glikemiczny oznacza szybkość wnikania cukru do krwi. Przykładowo, w przypadku fruktozy – monocukru z owoców – jest ona bardzo duża, indeks glikemiczny arbuza to 72. Gdy mamy do czynienia z wielocukrami, indeks glikemiczny znacznie się zmniejsza. W przypadku np. płatków owsianych wynosi on 50, a kaszy gryczanej 40. Spowalniaczem wnikania glukozy do krwi jest błonnik, dlatego np. marchewka gotowana ma wyższy indeks glikemiczny niż surowa. Na skutek obróbki termicznej zmienia się struktura jej budowy, jednak ilość cukru w ugotowanej marchewce w stosunku do surowej pozostaje niezmienna (ładunek glikemiczny jest ten sam). Inaczej jest natomiast z sokiem z marchwi, który ze względu na całkowity brak błonnika ma wyższy indeks glikemiczny.

Ładunek glikemiczny to ilość cukru zawartego w określonej porcji danego produktu. Oblicza się go według wzoru:

IG [indeks glikemiczny] * x [węglowodany w gramach] / 100

W przypadku arbuza ładunek glikemiczny wynosi: 72 [IG] * 8 [g] /100 = 5,76

Natomiast bułka pszenna ma ładunek glikemiczny:

95 [IG] * 30 [g] /100 = 28,5

Zawiera ona znikomą ilość błonnika, dlatego wchłania się niemal w takim tempie jak czysta glukoza. Jeśli więc nie chcemy podnosić poziomu cukru we krwi, musimy wybierać po pierwsze produkty bogate w błonnik, a po drugie potrawy o niskim indeksie glikemicznym. Natomiast te o wysokim indeksie glikemicznym należy podawać razem z białkiem, które spowalnia wchłanianie glukozy i automatycznie zmienia ładunek glikemiczny. Polecam przykładowo łączenie porcji owoców z porcją twarożku. Aby otrzymać pełnowartościowy posiłek, wystarczy dodać jeszcze porcję makaronu z mąki z pełnego przemiału.

BEZPIECZNE SMAKOŁYKI

Odzwyczajanie się od słodyczy nie oznacza oczywiście, że zupełnie musisz zapomnieć o słodkim smaku. Jest on przecież źródłem przyjemności (nieprzypadkowo jednym z najpiękniejszych wspomnień dzieciństwa bywa babcine ciasto), a chwila wytchnienia w towarzystwie ulubionego przysmaku potrafi być antidotum na małe smuteczki.

W takiej sytuacji polecam jednak nie czekoladę, ale izolat białka serwatki, np. Pure Whey. Na jego bazie można przyrządzić mnóstwo smacznych substytutów słodyczy, które poprawią nastrój, a jednocześnie dodadzą zdrowia i zbudują beztłuszczową masę ciała oraz dostarczą wapń (serwatka zawiera go bardzo wiele i warto z tego skorzystać). Po zmiksowaniu Pure Whey z wodą lub mlekiem otrzymasz przepyszny koktajl białkowy (możesz wybrać jeden z kilku smaków). Gdy dodasz do niego owoce, powstanie sycący i orzeźwiający, a jednocześnie odchudzający i zdrowy napój typu shake. Jeżeli zamrozisz go w specjalnych pojemniczkach, będziesz mieć domowe odchudzające (tak!) lody. Pure Whey można też dodawać do ciastek, dzięki czemu przestają one być tuczące. Te i więcej przepisów na zdrowe słodkości znajdziesz w ostatnim rozdziale mojego poradnika.

Jeśli jednak z jakichś powodów nie chcesz sięgać po Pure Whey, nic straconego! Na bazie produktów dostępnych w każdym sklepie spożywczym przygotujesz sobie wyjątkową słodką ucztę. Pamiętaj tylko o najważniejszej zasadzie łączenia cukrów prostych z białkiem.

Możesz sięgnąć po truskawki zmiksowane z odrobiną miodu i chudym twarożkiem, posypane otrębami (błonnik). Inny pomysł: weź twarożek, ćwierć banana, kakao i zmiksuj na papkę – otrzymasz deser bogaty w magnez (tym samym nie masz już wymówki, by jeść czekoladę!), węglowodany i zawarty w bananach tryptofan, który w organizmie przetwarzany jest w serotoninę. Jeśli lubisz bezy, przygotuj je z białek z dodatkiem stewii (naturalnego słodzika roślinnego, bez kalorii i o zerowym indeksie glikemicznym, który w przeciwieństwie do słodzików syntetycznych może być wykorzystywany do gotowania) albo ksylitolu (cukru brzozowego, który w przeciwieństwie do rafinowanego nie zakwasza organizmu i również jest odporny na wysoką temperaturę). Możesz też zrobić bezę Pawłowej z sześciu białek, do których zamiast białego cukru dodasz ksylitol, a zamiast bitej śmietany – jogurt z owocami. Te smakołyki są niskokaloryczne, możesz jeść nawet między posiłkami, jeśli poczujesz potrzebę kulinarnej przyjemności. Ich główną zaletą – oprócz smaku – jest to, że nie tuczą, a niektóre wręcz odchudzają.

Czasem jednak nachodzi cię chwila słabości – przychodzisz do domu po bardzo ciężkim dniu, czujesz wściekłość i zmęczenie, otwierasz lodówkę i rzucasz się na pudełko lodów albo zjadasz całą tabliczkę czekolady. Stop! Opamiętaj się, ale nie dramatyzuj – to może zdarzyć się każdemu. Zastosuj plan awaryjny, szybko wypij shake proteinowy albo zagryź słodycze twarożkiem. W ten sposób ograniczysz złe skutki apetytu, zmniejszając indeks i ładunek glikemiczny smakołyku. I oczywiście o stosownej porze sięgnij po kolejny, tym razem już dobrze zbilansowany posiłek.

CZAS NA NAGRODĘ!

Mam nadzieję, że udało mi się przekonać cię do swojej metody żywienia, która ma służyć zdrowiu i przyjemności, a nie być mordęgą. Dlatego teraz zdradzę ci, że dopuszczam pewne odstępstwa od diety. Jeśli np. masz dużo pracy umysłowej lub musisz się dużo uczyć, a czujesz, że nie poradzisz sobie bez czekolady, zjedz kostkę albo dwie, byle po porządnym, bogatym w białko obiedzie. Masz ochotę na lody (nawiasem mówiąc, najzdrowszy z deserów, jaki możesz kupić w sklepie)? Pozwól sobie na gałkę, ale ponownie, po posiłku, a nie zamiast niego. Jeśli nie jesteś na diecie redukcyjnej lub masz ten etap za sobą i zależy ci tylko na utrzymaniu wagi, raz w tygodniu możesz zjeść posiłek wyłącznie dla przyjemności, nie troszcząc się zanadto o kalorie czy bilansowanie. To może być kolacja z przyjaciółmi, śniadanie z ukochaną osobą, wypad z dziećmi na lody... Jeśli nadal się odchudzasz, zrób sobie raz na trzy miesiące weekend kulinarnych przyjemności – jako nagrodę za dotychczasowe trudy. Zależy mi przecież na tym, żeby twoje życie było zdrowe, ale też przyjemne, nie chcę robić z ciebie niewolnika tabel kalorycznych! Jeśli jedziesz na urlop, pozwól sobie na dwa tygodnie wolnego od wszelkich ograniczeń. Ciesz się po prostu życiem... i swoim wyglądem na plaży.

ROZDZIAŁ VII

ZACHOWAJ SZCZUPŁĄ SYLWETKĘ

ROZDZIAŁ VII

ZACHOWAJ SZCZUPŁĄ SYLWETKĘ

Za nami długa droga. i sumiennie wypełnialiście moje zalecenia związane z odchudzaniem, to prawdopodobnie czujecie się lepiej i w lustrze dostrzegacie pierwsze efekty w postaci szczuplejszej i wymodelowanej sylwetki. Zapewne macie też o wiele więcej energii niż przed przystąpieniem do programu, a wasza motywacja do dalszej pracy nad sobą wzrosła. Zależy mi na tym, żebyście osiągnęli trwały sukces, który łatwo rozpoznać po dobrych wynikach badań lekarskich i niższym rozmiarze nowych ubrań. Abyście na stałe mogli utrzymać te osiągnięcia, muszę was uczciwie ostrzec – odchudzanie to nie jest prosta i łatwa droga. Czyhają na niej również niebezpieczeństwa, które trzeba poznać i stawić im czoła. Teraz więc kilka słów o tym, na co powinniście uważać.

EFEKT JO-JO
Zapewne nazwa jo-jo jest świetnie znana – kolorowe kółko na sznurku, które należy prowadzić tak, by na przemian podniosło się i opadało. Jo-jo jako zabawka potrafi dostarczać wiele radości, ale jeśli dotyczy diety, może wywoływać niemałe zmartwienia.

Efekt jo-jo to wahania masy ciała związane z odchudzaniem. Czasem tak się dzieje z naszą masą ciała, że po szybkiej utracie kilogramów, one bezlitośnie wracają, a często pojawia się ich nawet więcej. Specjaliści twierdzą, że efekt jo-jo może zachodzić nawet do pięciu lat po zakończeniu diety odchudzającej. Rozpoznajemy go wówczas, gdy w tym czasie wahania masy ciała wynoszą ok. 10%. Najczęściej problem ten dotyczy osób z dużą nadwagą lub otyłych, rzadziej szczupłych, które chcą pozbyć się tłuszczu tylko z jednej, konkretnej części ciała. Wyobraź więc sobie, że ważąc np. 70 kg, w ciągu pięciu lat to tracisz, to zyskujesz 7 kg. Takie wahania są niekorzystne dla zdrowia, potrafią demotywować, a dodatkowo sprzyjają nieprzyjemnym efektom kosmetycznym, takim jak choćby rozstępy skóry.

Dlaczego jesteśmy narażeni na efekt jo-jo? Trzeba wiedzieć, że zagraża on osobom, które nieodpowiednio przygotowały się do odchudzania i stosowały restrykcyjne, wręcz agresywne diety. Przykładowo, jeżeli ktoś był przyzwyczajony do spożywania dużej ilości tłuszczów zwierzęcych i produktów o wysokim indeksie glikemicznym, to oczywiste, że po odstawieniu takich potraw jego waga gwałtownie spada. Może mu się wtedy wydawać, że osiągnął swój cel, ale jeśli wróci do starych nawyków żywieniowych, szybko odzyska utraconą masę ciała, a nawet odbuduje ją z nawiązką. Krótkotrwała modyfikacja diety nie pozawala na wdrożenie właściwych przyzwyczajeń żywieniowych. Niejednokrotnie wiąże się ze zmianami niekorzystnymi dla organizmu, szczególnie wtedy, gdy niefrasobliwie stosuje się diety jednoskładnikowe, np. tylko mięso albo tylko warzywa i owoce. Ekstremalną postacią diety są dłuższe i krótsze głodówki. Jest to prosta droga do utraty wagi, ale w większym stopniu kosztem masy mięśniowej niż tłuszczowej. W konsekwencji może doprowadzić to niedożywienia i zakwaszenia organizmu. Aby zdrowe odżywianie stało się naszym nawykiem, potrzeba czasu. Jeżeli zmiany będziemy wprowadzać stopniowo, dbając jednocześnie o regularne powtarzanie nowych, prawidłowych zachowań, damy organizmowi czas na przestawienie się na nowe tory. Jeśli jednak zbyt szybko wprowadzimy restrykcyjną dietę, ciało zbuntuje się i po jej zakończeniu będzie dążyło do tego, by wrócić do dawnego stanu rzeczy. Domagać się będzie jedzenia według starego schematu, większych porcji, źle dobranych składników. Pory posiłków zostaną zakłócone i znów zaczniemy jeść nieodpowiednie i niezdrowe produkty.

CO WPRAWIA JO-JO W RUCH

Teraz pokrótce opiszę wam, jakie mogą być przyczyny efektu jo-jo. Otóż kiedy stosujecie restrykcyjną dietę odchudzającą, a więc dostarczacie organizmowi mniej kalorii, niż potrzebuje do codziennego funkcjonowania, następuje przystosowawcze obniżenie podstawowej przemiany materii. Ograniczenie jest tym większe, im bardziej restrykcyjną metodę tracenia kilogramów zastosowaliście (np. głodówkę, dietę oscylującą wokół 1000 kcal). Gdy jednak po zakończeniu odchudzania zaczynacie odżywiać się tak jak wcześniej, organizm nie potrafi szybko zmienić swoich nowych przyzwyczajeń i to, co kiedyś było normą, traktuje jako nadmiar. Przy obniżonym zapotrzebowaniu energetycznym bardzo szybko następuje więc przyrost masy ciała, czyli właśnie efekt jo-jo.

Podczas niewłaściwego, a nawet szkodliwego odchudzania spada masa mięśniowa. Konsekwencją tego jest spowolnienie metabolizmu. Na szczęście można temu zapobiec, włączając zdrową dietę redukcyjną, a także regularną i umiarkowaną aktywność fizyczną – wtedy tracimy tkankę tłuszczową, a nawet odbudowujemy mięśnie. Pytanie tylko, czy wyczerpani poprzednią restrykcyjną dietą odchudzającą, będziemy mieć siłę na sport... I czy będziemy kontynuować aktywność fizyczną po zakończeniu odchudzania – bo rezygnacja z niej, przy jednoczesnym wzroście liczby kalorii, to pewna droga do ponownego przybrania na wadze.

Oczywiście może się też zdarzyć, że nasza motywacja zmniejszy się, bo zbyt długo odmawialiśmy sobie smakołyków, a tęsknota za nimi była tak wielka, że w końcu zrezygnowaliśmy z diety. To prosta droga do efektu jo-jo. Niebezpieczne jest też traktowanie diety jako sytuacji tymczasowej, czyli jako doraźną „pomoc" przed sylwestrem, ślubem albo wakacjami nad morzem. Jeżeli drastycznie ograniczamy jedzenie, np. rezygnujemy z jednego posiłku (zazwyczaj kolacji albo śniadania) lub

spożywamy tylko 1000 kcal dziennie, to szybko chud-
niemy, ale jeszcze szybciej wracamy do dawnej sylwetki,
gdy po przejściu gorącego okresu wracamy do starego
zwyczaju jedzenia 2000–3000 kcal na dobę.

Nieprzyjemną właściwością efektu jo-jo jest również
to, że każda następna kuracja odchudzająca jest o wiele
trudniejsza. Wahania masy ciała niekorzystnie wpływają też na układ krążenia, co sprawia, że jesteśmy bardziej
podatni na choroby czy wręcz przedwczesną śmierć.
Paradoksalnie utrzymywanie za wysokiej, ale stabilnej
masy ciała jest bardziej korzystne dla zdrowia niż jej wahania typu jo-jo. Dlatego – tak jak mówiłam – jeśli zdecydujecie się na odchudzanie, np. według moich wskazówek, przeprowadźcie ten proces do końca, zmieńcie
swoje nawyki i kontynuujcie nowy sposób odżywiania
się nawet po zakończeniu diety redukcyjnej. Efekt jo-jo
nie będzie wam zagrażał, jeśli nie dopuszczaliście do
głodzenia się i nie odczuwaliście z tego powodu dyskomfortu. Organizm bowiem o wiele łatwiej przyzwy-
czai się do zmiany nawyków żywieniowych na zdrowsze
(i smaczniejsze) niż do nieregularnych pór spożywania
posiłków i drastycznego niedojadania.

KONIEC ZABAWY Z JO-JO

Być może sięgnęliście po ten poradnik w trakcie stosowania głodówki albo diety o bardzo ograniczonej

liczbie kalorii. Jeśli zastanawiacie się, jak ją zakończyć i przejść na zdrową metodę żywienia, tak by ustrzec się efektu jo-jo, przeczytajcie poniższe porady. Równolegle z dietą rozpocznijcie ćwiczenia fizyczne.

Gdy zakończycie dietę, nie wracajcie do starych, błędnych nawyków żywieniowych. Przede wszystkim proszę was o oszacowanie swojej podstawowej przemiany materii (PPM) według tabel podanych na początku książki. Spożywając posiłki regularnie, podnieście kaloryczność całodziennej diety o 100 kcal więcej, niż wskazują obliczenia PPM. Będzie to w dalszym ciągu deficyt kaloryczny wynoszący ok 20–25% w stosunku do waszego całkowitego zapotrzebowania energetycznego (CPM). Nie spowoduje on jednak najmniejszego uszczerbku na zdrowiu! Mimo zwiększonej ilości jedzenia proces odchudzania będzie kontynuowany przy jednoczesnym zabezpieczeniu przed efektem jo-jo. Pomoże wam w tym wszystkim prowadzenie dzienniczka, w którym będziecie zapisywać każdą spożytą potrawę i napój. Wraz ze zwiększaniem liczby kalorii wydłużajcie też czas aktywności fizycznej o 5–10 minut dziennie.

W sytuacji, kiedy nie wiecie jak postępować po zakończeniu restrykcyjnej diety, odwiedźcie dietetyka. Taka wizyta to konieczność, gdy wasza masa ciała wzrasta lub gdy jedzenie stało się sposobem na smutki. Pomocny w waszej sytuacji może okazać się też psycholog lub grupa wsparcia. Najlepiej jednak myśleć perspektywicznie i już na etapie wyboru diety planować, jak zapobiec w przyszłości efektowi jo-jo. Podczas kuracji odchudzającej należy dostarczać organizmowi pożywienie o właściwie zbilansowanych wartościach odżywczych i kaloryczności. Jeśli zapewnimy ciału ten komfort, nie będzie domagało się rekompensaty po zakończeniu odchudzania. Ja oczywiście polecam w tym celu żywienie według mojej metody pięciu regularnych posiłków dziennie.

UWAGA, KRYZYS!

Niestety, może się zdarzyć (i zazwyczaj się zdarza), że nawet podczas zdrowej, dobranej do naszych potrzeb diety, dopada nas kryzys. To normalna sytuacja. Odchudzanie w naszym rozumieniu to przecież spalanie nadmiaru tkanki tłuszczowej, którego efektem ubocznym jest produkcja toksyn, jakie zanieczyszczają organizm. **Kilogram tkanki tłuszczowej ma objętość 2,5-litrowego słoika.** Jeśli chcemy spalić 10 kg nadwagi, musimy usunąć z organizmu zawartość 25 litrowych słoików. Wyobraźcie sobie, jak dużo powstaje przy tym toksyn! Nawet gdy stosujemy dobrze zbilansowaną dietę i pijemy wodę, organizm nie jest w stanie poradzić sobie ze śmieciami. Wpływa to oczywiście na złe samopoczucie podczas odchudzania, dlatego polecam redukowanie masy ciała ok. 0,5 kg do maksymalnie 1 kg tygodniowo. Podczas kryzysu możecie mieć wrażenie, że łapie was choroba, bo odczuwacie bóle mięśni lub stawów czy też macie poczucie że ogólnie coś was „rozkłada". To jednak nie jest prawda. Po prostu spalacie wtedy – czyli pozbywacie się – część tkanki tłuszczowej, która jest przecież żywą częścią waszego ciała. Nic dziwnego, że organizm w ten przykry sposób manifestuje zachodzące w nim zmiany, co może nawet skusić do przerwania diety.

Jak radzić sobie z kryzysem? Przede wszystkim w dalszym ciągu zdrowo się odżywiać, bez zmian ilościowych i czasowych. Dyskomfort często objawia się brakiem apetytu, a to sprawia, że macie ochotę zmniejszyć ustaloną wcześniej rację pożywienia. Jeśli zaprzestaniecie spożywania pięciu dobrze zbilansowanych posiłków dziennie, nie dostarczycie organizmowi białka, węglowodanów, minerałów, witamin, czyli tego wszystkiego, co daje energię, wspomaga odbudowę i regenerację organizmu. Zaczniecie tracić masę mięśniową, spowolnicie metabolizm, zniwelujecie wcześniejsze efekty. Dlatego podczas kryzysu należy wręcz zmuszać się do jedzenia. Można ponadto wspomagać się proteinowymi shake'ami proteinowymi, witaminą C i innymi składnikami o działaniu antyoksydacyjnym, np. bioflawonoidami (polifenolami) koenzymem Q10, tak aby organizm mógł „wymiatać" wolne rodniki. Oprócz tego oczywiście trzeba pić wodę, najlepiej z dodatkiem elektrolitów lub soku z żurawiny czy aronii aby neutralizować toksyny. Gdy źle się czujecie psychicznie, możecie wspomóc się magnezem. **Na szczęście kryzys nie trwa wiecznie – to zazwyczaj trzy do pięciu dni, a maksymalnie tydzień, po którym wszystko wraca do normy, a wy znów jesteście pełni energii.**

Mówiąc o kryzysie, użyłam sformułowania „wolne rodniki". To bardzo ważny termin, który wprowadza już w tematykę następnego rozdziału. Wyjaśnię w nim, w jaki sposób dobrze zbilansowane jedzenie pomaga zachować zdrowie i młodość. Innymi słowy – jak pożywienie może stać się lekarstwem.

ROZDZIAŁ VIII

LECZENIE PRZEZ JEDZENIE

ROZDZIAŁ VIII:

LECZENIE PRZEZ JEDZENIE

Znacie pewnie powiedzenie, że złość piękności szkodzi. W nim, jak w wielu innych, jest zawarta życiowa prawda. Otóż gdy przeżywamy długotrwałe nieprzyjemne emocje, jesteśmy permanentnie spięci czy nadmiernie zmęczeni lub wręcz wyczerpani, nasz organizm pozostaje w stresie oksydacyjnym. Tak nazywamy stan, w którym wytwarza się wyjątkowo duża ilość reaktywnych form tlenu i innych wolnych rodników. Wolne rodniki to cząsteczki, jony lub atomy, które mają na swoich orbitach niesparowany elektron. Powstają one w nadmiarze również wtedy, gdy jesteśmy chorzy, narażeni na promieniowanie lub kontakt ze szkodliwymi substancjami. Stresem oksydacyjnym jest także wspomniany wcześniej kryzys podczas odchudzania. Trzeba przyjąć do wiadomości także to, że wolne rodniki tworzą się również podczas normalnych procesów życiowych – oddychania czy przemiany materii. Przez cały czas naszego życia w każdej komórce ciała następują bowiem tysiące reakcji biochemicznych mających zapewniać prawidłowe funkcjonowanie organizmu. Zachodzą one przy współudziale tlenu, który jest niezbędny m.in. przy przemianie materii w energię czy też – co oczywiste – oddychaniu. Niestety, podczas utleniania powstają też szkodliwe produkty uboczne, czyli wolne rodniki. Ich działanie można zobaczyć gołym okiem, bo to one odpowiadają za to, co dzieje się z przekrojonym bananem czy jabłkiem, które szybko czernieją pod wpływem powietrza.

NA PRZEKÓR WOLNYM RODNIKOM

W podobnie negatywny sposób wolne rodniki oddziałują przez całe życie na ludzki organizm. Jak pewnie dobrze wiecie, nasze komórki składają się z cząsteczek, a te z kolei z atomów. Każdy z atomów zbudowany jest z jądra, ma orbitę lub orbity, po których krążą elektrony. Te ostatnie to towarzyskie stworzenia – nie potrafią funkcjonować inaczej niż w parze. W czasie trwania życiowych funkcji, takich jak trawienie pokarmu, ćwiczenia i oddychanie, ciągle zachodzą procesy tzw. utleniania i redukcji. Oznacza to, że podczas utleniania jeden z elektronów zostaje wybity z orbity elektronowej przez np. wolny rodnik tlenowy, który powstał w trakcie utleniania, a jego partner pozostaje sam. Uszkodzony atom czy cząsteczka przeradza się w szkodliwy nowy wolny rodnik. Ponieważ jego elektron nie potrafi funkcjonować samodzielnie, odbija elektron z kolejnej cząsteczki. Tak powstaje następny wolny rodnik. Aby zrekompensować sobie tę stratę, uszkodzona nowa cząsteczka z osamotnionym elektronem rozbija następną parę, i następną, i jeszcze następną. Dokonuje się efekt domina – elektrony przeskakują pomiędzy orbitami, atomami i cząsteczkami, uszkadzając je lawinowo. Po chwili komórkę ogarnia kompletny chaos. Wolne rodniki sieją spustoszenie. Potrafią doprowadzić do apoptozy – zaplanowanej śmierci komórki (uszkodzona komórka zachowuje się wtedy jak kamikadze, popełnia „samobójstwo", aby uchronić przed zniszczeniem resztę tkanki). Niekiedy uszkadzają tylko błonę komórkową, ale zdarza się, że wnikają głębiej, aż do jądra komórkowego, i zmieniają sekwencję DNA, czyli kod genetyczny. Odpowiadają za starzenie się i za liczne choroby cywilizacyjne, z nowotworami na czele.

Na szczęście natura przewidziała taką sytuację i wprowadziła mechanizm, który chroni nas przed kaskadą wolnych rodników. Otóż komórki wyposażone są w naturalne antyoksydanty, czyli substancje neutralizujące wolne rodniki. Ogromną rolę w ich dostarczaniu ma właściwie zbilansowana dieta, o której tyle już wiecie. Te naturalne przeciwutleniacze – inaczej antyoksydanty – można nazwać stróżami porządku. Kiedy tylko zobaczą, że któryś z atomów jest uszkodzony, oddają mu własny elektron. Mogą bez problemu uzupełnić niesparowany elektron innego wolnego rodnika czy oksydantu, bo same pozostają po tym zabiegu stabilne chemicznie.

Antyoksydanty mają więc zdolność łączenia się z dowolnym elektronem każdej uszkodzonej cząsteczki czy atomu, przekazując mu własny elektron i tworząc z powrotem stabilną parę. W ten sposób w komórce znów panuje porządek. Uszkodzony atom, czy reaktywna cząsteczka staje się cząsteczką stabilną, a procesy utleniania mogą zachodzić dalej, bez szkody dla organizmu, i realizować tylko swoje pożyteczne cele, takie jak dostarczanie energii czy tworzenie bariery chroniącej przed bakteriami i wirusami. **Musimy pamiętać tylko** o jednym – o dostarczaniu organizmowi takich składników odżywczych i witamin, które albo same są antyoksydantami, albo pozwalają organizmowi wytworzyć te substancje. Chodzi przede wszystkim o witaminy antyoksydacyjne, takie jak C, E, A, polifenole z warzyw i owoców, a szczególnie z aronii, selen oraz wiele innych stanowiących składniki naszego właściwie zbilansowanego pożywienia. **Na szczególną uwagę zasługuje pewien antyoksydant, którego rola jest nie do przecenienia. To peptyd złożony z 3 aminokwasów produkowany przez nasz własny organizm – glutation.**

ALE CZYM WŁAŚCIWIE SĄ AMINOKWASY?

To malutkie cegiełki, z których zbudowane są nasze ciała. Aminokwasy są podstawowymi elementami budulcowymi białek. Krótkie łańcuchy zbudowane z połączonych ze sobą cząsteczek aminokwasów to peptydy, natomiast ich dłuższe łańcuchy zwane są białkami lub polipeptydami. Aminokwasy są budulcem nie tylko pojedynczych enzymów, ale też białek strukturalnych i transportowych, takich jak kolagen, hemoglobina czy immunoglobuliny, interferon, hormony (np. insulina, hormon wzrostu). Z aminokwasów powstają też hormony tarczycy (tyroksyna, trójjodotyronina) i niektóre neuroprzekaźniki, takie jak serotonina. De facto aminokwasy budują naszą skórę, narządy, a tym samym całe nasze ciało. Dlatego ich zrównoważone spożycie wpływa na działanie układu immunologicznego (odpornościowego), a także funkcjonowanie organizmu. Jest więc sekretem zdrowia i pięknej sylwetki.

PIERWSZA POMOC W ODCHUDZANIU I POPRAWIE ZDROWIA

Najwyższej jakości kombinacja różnych frakcji białek serwatki, zawierająca komplet aminokwasów – Performance Pure Whey.

Jego ważną cechę stanowi to, że nie zawiera laktozy, kazeiny i tłuszczu mlecznego! To idealne źródło białka dla każdego!

Serwatka jest to produktem ubocznym, który powstaje podczas produkcji sera. W naturalnej formie serwatka nie może być spożywana w dużych ilościach, ponieważ zawiera zbyt wiele tłuszczu, laktozy oraz puryn i kazeiny. Ze względu na obecność tłuszczu i cukru mlecznego (laktozy) nie odchudza, a inne jej składniki mogą prowadzić do nietolerancji pokarmowej, np. wzdęć. Naukowcy rozwiązali ten problem i opracowali odpowiedni proces obróbki serwatki. Udało się to dzięki specjalnej jej filtracji i stworzono czysty oraz unikalny produkt o koncentracji białka większej niż 85%. Są to niezwykle skomplikowane procesy technologiczne, podczas których niechciane komponenty, takie jak tłuszcz i laktoza, zostają usunięte prawie całkowicie, a inne cenne dla nas składniki pozostają nienaruszone.

Preparat **Performance Pure Whey** zawiera skoncentrowane ilości BCAA (aminokwasy rozgałęzione), L-glutaminy, a także dużą ilość Argininy i Lizyny. Innymi frakcjami białka serwatki znajdujących się w Pure Whey są:

- laktoglobulina (47–58%),
- laktoalbumina (18–23%),
- serum Albumina (4–11%),
- immunoglobulina (4–10%),
- glikomakropeptyd (14–22%).

Oprócz powyższych, Pure Whey zawiera specjalne mikrofrakcje: laktoferynę, laktoperoksydazę, IGF-czynniki, lizozym. Każda z tych frakcji pełni ważną rolę w prawidłowym funkcjonowaniu systemu immunologicznego człowieka.

Jeśli cenisz swoje zdrowie i chcesz o nie dbać, korzystanie z dobrodziejstw preparatu Pure Whey jest dla ciebie wskazane. Dotyczy to szczególnie sytuacji wyjątkowych, jak odchudzanie, oraz innych sytuacji kryzysowych.

NASZE WOJSKO – GLUTATION

Glutation to nasz naturalny obrońca i najważniejszy endogenny (produkowany przez organizm) antyoksydant. Jest to tripeptyd syntetyzowany przez każdą komórkę

JAK **PURE WHEY** ODDZIAŁYWUJE NA NASZ ORGANIZM?

- pomaga w budowaniu beztłuszczowej masy ciała,
- wspomaga spalanie tkanki tłuszczowej, czyli przyspiesza proces odchudzania,
- podnosi odporność,
- zawiera dużo wapnia niezbędnego dla kości,
- stanowi idealne źródło wysoko przyswajalnego białka, które nie obciąża organizmu.

Ponadto:

- ma wszechstronne zastosowanie w dietetycznej i odchudzającej kuchni: do wypieków, koktajli, lodów,
- występuje w kilkunastu smakach, od czekoladowego po waniliowy i owocowe,
- stanowi doskonały substytut słodyczy,
- jest idealny dla wegetarian, rekonwalescentów, w stanach niedożywienia, anoreksji i bulimii.

*„Szczególnie polecam **Pure Whey Performance**, którego walory smakowe oceniam najwyżej spośród dostępnych na rynku tego typu produktów".*

dr n. med. Anna Lewitt

ciała. Pełni trzy ważne funkcje: wymiata wolne rodniki, jest wspaniałym detoksykantem, a także stymulatorem naszego układu odpornościowego do tworzenia naturalnego systemu obronnego. Składa się z trzech aminokwasów: kwasu glutaminowego, glicyny i cysteiny, dlatego właśnie nazywa się go tripeptydem.

Komórki ciała nawet zupełnie zdrowych osób wymagają uzupełniania na bieżąco zasobów glutationu. **Aby organizm mógł go wyprodukować, należy dostarczyć odpowiednich składników pożywienia.** Stanowią one elementy składowe – narzędzia, które posłużą ciału do zbudowania muru obronnego z glutationu. W kryzysowych dla organizmu sytuacjach, takich jak stany chorobowe, rekonwalescencja, wyczynowy sport czy odchudzanie, warto te składniki suplementować. Będą to wspomniane peptydy, a także witaminy z grupy B, witamina C, witamina E i selen. Glicyna i cysteina zawarte są przede wszystkim w białku zwierzęcym, dlatego tak ważne jest, by w skład naszej diety wchodziło chude mięso, nabiał i ryby. Inne bogate źródło aminokwasów to białko serwatki mleka, czyli Pure Whey, który niejednokrotnie polecałam w tym poradniku. **Można też jeść twaróg – jest bogatszym źródłem białka niż mleko albo jogurt.** Tu mała praktyczna uwaga: w przypadku dorosłego człowieka mleko czy jogurt naturalny należy traktować raczej jako źródło wapnia, a za źródło białka uważać twaróg. Witaminy z grupy B znajdują się przede wszystkim w nieoczyszczonych kaszach. Witamina C to oczywiście owoce i warzywa, a E – oleje roślinne, jaja, migdały, marchew i zielonolistne warzywa, pełnoziarnista mąka, mleko. Selen zawarty również jest w pełnoziarnistej mące, a także w chudym mięsie, owsie, rybach i owocach morza oraz orzechach.

Teraz rozumiecie, jak ważne jest, by w czasie kryzysu dietetycznego albo jakiegokolwiek innego stresu nie przerywać diety opartej na pięciu zbilansowanych posiłkach dziennie. Jeśli zaburzycie dostawę substratów do produkcji glutationu, bo przestaniecie regularnie jeść, to doprowadzicie w konsekwencji do destrukcji beztłuszczowej masy ciała, a tym samym obniżycie poziom glutationu. Zmniejszy się wtedy ilość tripeptydu w komórkach, a ochrona przed wolnymi rodnikami zmaleje. Mówiąc obrazowo, jeśli dysponujecie armią i w momencie klęski żywiołowej (a czym innym jest głód, który fundujecie swojemu organizmowi?!) odeślecie część wojska do naprawy szkód, to w przypadku ataku wroga (w tym wypadku wolnych rodników) zostanie niewielu żołnierzy do obrony. Nie możecie wtedy niwelować stresu oksydacyjnego za pomocą glutationu, a co więcej, samodzielnie go pogłębiacie, nie dostarczając wraz z pożywieniem odpowiedniej ilości aminokwasów czy też pozostałych antyoksydantów. Należy z całą mocą jeszcze raz podkreślić, że niedobór glutationu powstaje wtedy, gdy nie dajcie organizmowi składników potrzebnych do jego wyprodukowania.

Glutation wpływa na spowolnienie procesów starzenia się. Hamuje również rozwój wielu chorób cywilizacyjnych, takich jak choroby serca, udar, miażdżyca czy też choroby wirusowe (m.in. przeziębienie, opryszczka, AIDS). Naukowcy twierdzą, że może także zapobiegać nowotworom czy też hamować wzrost guzów. Trudno zatem przecenić rolę glutationu w zachowywaniu naszego zdrowia i młodości. Nawet jeśli dotąd nie słyszeliście o tym związku, jestem przekonana, że niedługo będzi o nim głośno. A jeśli chcecie dowiedzieć się więcej o tej substancji, i o jej wpływie na wspomaganie leczenia różnych chorób, przeczytajcie książkę, z której zaczerpnęłam część powyższych wiadomości: „Glutation. Twój klucz do zdrowia" (Jimmy Gutman, Wydawnictwo Skoczek, 2008). Godnym polecenia, bo bardzo wartościowym naturalnym preparatem uzyskanym także z białka serwatki mleka, jest Immunocal – nośnik glutationu.

KWAŚNA KRÓLOWA

Wspomniałam, że do syntezy glutationu potrzebna jest witamina C. Ten niepozorny związek – może trochę niedoceniany, bo znajdujący się w zwykłym jabłku czy kapuście kiszonej – odgrywa ogromną rolę, jeśli chodzi o zachowanie zdrowia, a także odchudzanie.

Witamina C, zwana inaczej kwasem askorbinowym, jest substancją chemiczną, a zarazem składnikiem odżywczym koniecznym w przebiegu wielu funkcji życiowych. **Dzięki swoim właściwością zachowuje się jak strażnik, który broni nas przed wpływem trujących związków chemicznych ze środowiska, w którym żyjemy.** Jej szczególna budowa sprawia, że uczestniczy w procesach niezbędnych dla organizmu. Działanie witaminy C polega na walce z wolnymi rodnikami. Odgrywa ona niebagatelną rolę jako antyoksydant i – co w naszym przypadku ważne – wspomaga odchudzanie.

Organizm człowieka nie potrafi jej syntetyzować, dlatego musimy dostarczać ją z zewnątrz, z pożywieniem. Niestety, zachodnie społeczeństwo na skutek źle pojętej diety nie zapewnia sobie odpowiedniej ilości witaminy, czego konsekwencją jest załamanie odporności i wielka podatność na choroby wirusowe oraz inne, poważniejsze schorzenia.

Witamina C może występować w formie syntetycznej lub naturalnej. Przewagę mają naturalne formy witaminy, bo są znacznie lepiej przyswajalne i mają większą biodostępność. Witamina C bierze bezpośredni udział w wielu procesach oksydacyjno-redukcyjnych. Uczestniczy w metabolizmie tkanki łącznej, co oznacza tworzenie kolagenu, a także w przemianie żelaza. Plagą naszych czasów jest wysokie stężenie cholesterolu we krwi, a przecież witamina C dostarczana w odpowiedniej ilości mogłaby temu zaradzić. Ma ona też zasługi, jeśli chodzi o zapobieganie odkładania się cholesterolu w ściankach naczyń krwionośnych. Zwiększone jej spożycie usuwa nadmiar złego (LDL), a podwyższa poziom dobrego (HDL) cholesterolu. Naukowcy dowodzą, że zwiększona dawka witaminy C może zredukować blaszki miażdżycowe w ciągu około pół roku. Jej przyjmowanie sprzyja również regeneracji stawów, kości, mięśni, oczu, naczyń krwionośnych, wspomaga produkcję żółci oraz karnityny i syntezę niektórych hormonów.

Osobną zasługą witaminy C jest jej działanie chroniące organizm przed rozwojem nowotworów. Doniesienia naukowe wskazują, że witamina C wspomaga proces leczenia choroby w każdej fazie jej rozwoju. Blokuje destrukcyjną rolę enzymów niszczących kolagen i wspomaga jego regenerację. Współdziałają z nią: aminokwasy lizyna i prolina, a także polifenole, np. z zielonej herbaty.

ILE WITAMINY C?

Zazwyczaj odpowiadając na to pytanie, powołuję się na książkę prof. Iwony Wawer „Suplementy dla Ciebie. Jak nie stać się pacjentem" (Wydawnictwo Wektor, Warszawa 2009). Autorka wskazuje, że „do uzupełnienia deficytu tej witaminy w stanach chorobowych poleca się dziennie terapeutyczne dawki od 200 do 1000 mg. **W chorobach nowotworowych nawet 2–20 g** dziennie, ale taka terapia jest ordynowana przez lekarza".

Można przyjąć, że ilość potrzebnej witaminy C zależy od masy ciała. Na tej podstawie stwierdzono w latach dwudziestych XX wieku, że aby zapobiec objawom szkorbutu, który powstaje wyłącznie z niedoboru witaminy C, zaleca się dawkę 60–90 mg dziennie. Okazało się jednak, że w dzisiejszym świecie, który funduje nam stres, zanieczyszczenia środowiska i niezdrowe jedzenie, należy przyjmować o wiele większe dawki tego naturalnego antyoksydantu. Obecnie dawkę dla zdrowego człowieka ustala się na poziomie 200–250 mg/dobę. Przy stanach chorobowych, stresowych albo przy odchudzaniu, poleca się jednak terapeutyczne dawki do 1000 mg dziennie, a nawet większe. Zapotrzebowanie na witaminę C wzrasta również u ludzi w podeszłym wieku, rekonwalescentów, sportowców wyczynowych oraz amatorów, a szczególnie u palaczy papierosów. **Okazuje się więc, że praktycznie każdy z nas powinien uzupełniać poziom witaminy C w organizmie, przyjmując naturalne suplementy diety.** Według koncepcji Linusa Paulinga, amerykańskiego naukowca, fizyka i chemika, dwukrotnego laureata Nagrody Nobla, efekt prozdrowotny możliwy jest tylko przy olbrzymich dawkach witaminy C. Twierdził on, że dawki naturalnej witaminy C, sięgające 1000–5000 mg na dobę, utrzymują pracę układu odpornościowego na bardzo wysokim poziomie i na bieżąco, skutecznie likwidują infekcje wirusowe i bakteryjne. Sam Pauling stosował od 1000 do 10 000 mg witaminy C dziennie, aż do ustąpienia objawów choroby. Cierpiał na chorobę nowotworową, przeżył jednak ponad 90 lat!

Zwracałam tu kilkukrotnie uwagę, że najlepiej jest przyjmować naturalną witaminę C. Niestety, witamina C jest dość szybko wydalana z moczem, osiągając maksymalne stężenie w ciągu 2–3 godzin od przyjęcia. Warto znaleźć preparaty z witaminą C o przedłużonym działaniu. Naturalna witamina C wnika w głąb komórki, gdzie skutecznie i intensywnie pracuje. Najlepsze naturalne suplementy diety z witaminą C otrzymuje się obecnie z owoców i kwiatów hibiskusa, wiśni *acerola*, owoców głogu lub dzikiej róży. Zawierają one dodatkowo wiele cennych dla organizmu bioflawonoidów, takich jak: rutyna, hesperydyna czy kwercetyna, które skutecznie wzmacniają i uszczelniają naczynia krwionośne. A oto tabela, która obrazuje, jak duże jest nasze zapotrzebowanie na witaminę C i jak duże ilości pożywienia powinniśmy zjeść, żeby je zaspokoić... Poniższe zestawienie zawartości witaminy C w produktach spożywczych zostało zaczerpnięte z materiałów opracowanych według Dr. Linusa Paulinga. Według zaleceń tego naukowca dzienne spożycie witaminy C powinno mieścić się w granicach od 600 mg do 3000 mg, aby zapewnić organizmowi człowieka optymalne zdrowie. Dawki te ustalono na podstawie wieloletnich badań naukowych.

Zestawienie zawartości witaminy C w produktach spożywczych.

Produkt	Zawartość wit C w mg na 100 g produktu	Zawartość w 1 porcji / sztuce	Ilość produktu jaką trzeba zjeść aby pokryć zapotrzebowanie od 600 mg do 3000 mg
Cytryna (1 szt. 130 g)	50 mg	65 mg	9–46 cytryn
Pomarańcza (1 szt. 200 g)	49 mg	98 mg	6–30 pomarańczy
Mandarynka (1 szt. 100 g)	31 mg	31 mg	19–96 mandarynek
Grejpfrut (1 szt. 200 g)	40 mg	80 mg	8–38 grejpfrutów
Jabłko (1 szt. 200 g)	9 mg	18 mg	33–167 jabłek
Kiwi (1 szt. 90 g)	59 mg	53 mg	11–57 kiwi
Porzeczki czarne (garść 40 g)	182 mg	72 mg	8–41 garści porzeczek
Truskawki (garść 40 g)	66 mg	26 mg	23–115 garści truskawek
Sok pomarańczowy (200 ml - szklanka)	43 mg	86 mg	7–35 szklanek soku
Sok jabłkowy (200 ml - szklanka)	2,3 mg	4,6 mg	130–652 szklanek soku

Zestawienie zawartości witaminy C w produktach spożywczych.

Produkt	Zawartość wit C w mg na 100 g produktu	Zawartość w 1 porcji / sztuce	Ilość produktu jaką trzeba zjeść aby pokryć zapotrzebowanie od 600 mg do 3000 mg
Sok grejpfrutowy (200 ml - szklanka)	38,0	76 mg	8-39 szklanek soku
Sok wieloowocowy egzotyczny (200 ml - szklanka)	48,5	97 mg	6-31 szklanek soku
Brokuły (główka 500 g)	83 mg	415 mg	1,5-7 główek brokuł
Brukselka (paczka 500 g)	94 mg	470 mg	1,5-6,5 paczek brukselki
Chrzan (łyżka 20 g)	114 mg	23 mg	26-130 łyżek chrzanu
Kalafior (główka 2000 g)	49 mg	980 mg	0,5-3 główek kalafiora
Kapusta (główka 4000 g)	48 mg	1920 mg	0,3-1,5 główki kapusty
Papryka czerwona (1 szt. 270 g)	144 mg	389 mg	1,5-8 papryk czerwonych
Papryka zielona (1 szt. 200 g)	91 mg	182 mg	3-16 papryk zielonych
Pietruszka (pęczek natki 25 g)	177 mg	44 mg	13-68 pęczków natki
Szpinak (szklanka 220 g)	68 mg	150 mg	4-20 szklanek szpinaku
Ziemniak (1sz. średni 100 g)	15 mg	15 mg	40-200 ziemniaków

Co ciekawe, człowiek i świnka morska to najprawdopodobniej jedyne ssaki, których organizm sam nie produkuje witaminy C. Większość zwierząt potrafi wytwarzać aż do 20 g witaminy C dziennie i jak się przypuszcza, z tego powodu obce są im niektóre choroby cywilizacyjne (nie dotyczy to niestety domowych ulubieńców, nieraz przekarmianych niezdrowym, ludzkim jedzeniem). Wypada żałować, że nasze ciała nie mają takiej umiejętności... Na szczęście pozostają nam suplementy.

POMOCNA L-KARNITYNA

Ten związek bywa nazywana quasi-witaminą, która razem z witaminą C wspomaga proces odchudzania. Rola L-karnityny polega przede wszystkim na transportowaniu kwasów tłuszczowych do komórek, a dokładnie – do mitochondriów, obrazowo zwanych małymi komórkowymi elektrowniami lub po prostu piecami. To właśnie w nich spalane są pochodzące z pożywienia kwasy tłuszczowe. Proces ten jest szczególnie aktywny w czasie ćwiczeń fizycznych.

Dowiedziono, że L-karnityna odgrywa pozytywną rolę w zakresie osiągania właściwego poziomu cholesterolu i trójglicerydów, reguluje więc poziom tłuszczów (lipidów) w ustroju. Podejrzewa się, że może nawet stabilizować poziom cukru we krwi. Dla uprawiających sport równie duże znaczenie ma to, że reguluje również stan jonów potasu w komórkach, a tym samym zwiększa zdolności tkanki mięśniowej do podołania wysiłkowi fizycznemu. L-karnityna wpływa też na poprawę nastroju, ale uwaga – może doprowadzić nawet do stanu lekkiej euforii! Ta cudowna cząsteczka zbudowana jest z dwóch aminokwasów: metioniny i lizyny. Do jej syntezy potrzebne są również witaminy, np. C, B3 (PP), B6, oraz żelazo. Produkowana jest, podobnie jak glutation, przez nasz organizm lub dostarczana z pożywieniem. Miejscem syntezy karnityny są niektóre narządy: wątroba, nerki i mózg. Sam związek lub substraty potrzebne do jego wytworzenia znajdziemy w przetworach mlecznych, mięsie, rybach i jajkach. Często zdarza się, że na niedobór karnityny cierpią unikający tych produktów wegetarianie lub weganie – dlatego warto, aby rozważyli oni suplementację tej quasi-witaminy.

OWOC MŁODOŚCI

W Polsce na dosyć szeroką skalę uprawiana jest niezwykle cenna, choć niepozorna roślina – aronia czarnoowocowa (łac. *Aronia melanocarpa*). Nie wszyscy sobie jednak zdają sprawę z jej leczniczych właściwości i korzyści, jakie może dawać spożywanie aronii.

Ten cierpki owoc uprawiany czasem w przydomowych ogródkach ma szczególny skład chemiczny – jest bogatym źródłem polifenoli, przede wszystkim zbawiennych dla zdrowia antocyjanów o działaniu antyoksydacyjnym.

W 1 kg owoców aronii może znajdować się 10–20 g polifenoli, natomiast ilość ciemnoczerwonych barwników antocyjanowych dochodzi do 4–8,5 g w 1 kg. Informacje te podaję za przytaczaną już w tym poradniku książką prof. Iwony Wawer „Suplementy dla Ciebie. Jak nie stać się pacjentem". Autorka zwraca w niej uwagę, że wśród popularnych w Europie ciemnych owoców, takich jak czarne jagody, czarny bez, czarne porzeczki, wiśnie albo ciemne winogrona, to aronia jest rekordzistką, jeśli chodzi o zawartość antocyjanów oraz ogólną ilość pozostałych związków polifenolowych!

Dlatego właśnie preparaty z tego owocu warto polecić w profilaktyce schorzeń cywilizacyjnych. Po aronię powinny sięgać osoby narażone na choroby serca i nadciśnienie. Bogactwo antyoksydantów wpływa na spowolnienie procesów miażdżycowych. Dzięki temu, że obniża ciśnienie, aronia jest doskonała w profilaktyce przeciwzawałowej i przeciwudarowej. Sprawia również, że zmniejsza się ryzyko zapadania na choroby neurodegeneracyjne, a jednocześnie poprawia skuteczność procesów uczenia się i zapamiętywania.

Jak już wiemy, antyoksydanty zmniejszają również ryzyko choroby nowotworowej. Związki obecne w aronii – jak pisze prof. Wawer – odtruwają, redukują niektóre rakotwórcze toksyny, a z innymi tworzą nierozpuszczalne kompleksy, usuwając je z organizmu.

Po aronię powinny sięgać również osoby pracujące przy komputerze, a także często oglądające telewizję – czyli właściwie każdy z nas. Antocyjany mają bowiem wpływ na poprawę mikrokrążenia i zmniejszenie kruchości naczyń włosowatych, dzięki czemu przeciwdziałają zmęczeniu oczu i pozwalają zachować ostrość widzenia. I wreszcie, niech preparaty z tego owocu spożywa każdy, kto wybiera się na plażę, bo polifenole do pewnego stopnia (nie na tyle jednak, by nie używać kremów z filtrami UV!) chronią przed skutkami promieniowania słonecznego. Warto sięgać po sok albo kapsułki z ekstraktem z aronii zwłaszcza wtedy, gdy nie zdążyliśmy się stopniowo przygotować na działanie słońca. Zażywanie ich przez kilka dni przed wyjazdem pozwoli dłużej korzystać z przyjemności plażowania podczas pierwszych dni urlopu.

To właśnie największe zalety aronii. Niestety, w każdej beczce miodu znajdzie się łyżka dziegciu – w tym wypadku niemal dosłownie, bo jedyną wadą tego owocu jest... jego cierpki smak. Dlatego właśnie nie poleca się jedzenia surowych owoców, by nie wywoływać dyskomfortu lub nieprzyjemnych mdłości. W zamian warto sięgnąć po naturalny sok lub po suplementy – kapsułki z ekstraktem z aronii. **Ja włączyłam aronię do swojego autorskiego programu naukowo-badawczego poświęconego skutecznemu odchudzaniu. Sto-**

suję ją u pacjentów z dietą redukcyjną, bo uważam, że akurat oni mogą wiele skorzystać z właściwości tego owocu. Związki chemiczne zawarte w aronii zmniejszają bowiem stężenie cholesterolu całkowitego, LDL i triglicerydów, a ponadto wspomagają spalanie tłuszczu i regulują wydzielanie leptyny. Regulują również poziom insuliny we krwi.

BEZSTRESOWO O SUPLEMENTACH

Kiedy opowiadam swoim pacjentom o glutationie, witaminie C, karnitynie czy też aronii, często słyszę pytanie: ale czy to jest bezpieczne? Czym właściwie są suplementy? Lekarstwami?

Otóż suplementacja jest dziedziną dietetyki, a suplemety żywności – choć wizualnie przypominają leki (tabletki, kapsułki, płyny) – mają nie leczyć, ale utrzymywać wewnętrzną równowagę (homeostazę) organizmu. Są to naturalne, wyizolowane elementy żywności, które mają uzupełniać faktyczne lub przypuszczalne niedobory składników pokarmowych. Nowoczesne technologie wytwarzania suplementów z ekologicznej żywności, owoców, warzyw czy ziół sprawiają, że zawierają one biologicznie czynne substancje odżywcze i są całkowicie bezpieczne dla człowieka. Oczywiście pod warunkiem, że – jak każdy preparat – będą stosowane w odpowiednich dawkach, zaleconych przez dietetyka lub lekarza.

Po suplementy warto sięgać szczególnie w sytuacjach, w których istnieje ryzyko niedoboru życiodajnych elementów: wzmożonego wysiłku fizycznego, długotrwałego stresu, choroby, w stanach niedożywienia, podczas diet redukcyjnych, a także wtedy, gdy dysponujemy pożywieniem niedostatecznej jakości. Ta ostatnia sytuacja staje się powszechna – z powodu zanieczyszczenia środowiska czy też upodobania do wysoko przetworzonych i łatwych w przyrządzeniu produktów – nasze pożywienie staje się coraz mniej wartościowe. Mogą zawierać mniejsze niż zalecane ilości składników odżywczych, a w szczególności witamin i minerałów. Dlatego właśnie swoim pacjentom – a właściwie wszystkim, którzy chcą zachować zdrowie i długowieczność – polecam suplementy diety. Nie traktuję tego jak leczenia, ale jako formę profilaktyki wielu chorób, w szczególności cywilizacyjnych.

Rzecz jasna, przy ich dawkowaniu trzeba stosować się do wskazań dietetyka lub lekarza, a dodatkowo czytać opisy na etykietach. Jeśli zawierają przejrzysty opis preparatu z podaniem składu i sposobu dawkowaniu oraz z informacjami o sposobie produkcji – możemy bez obaw sięgnąć po dany suplement. Jeżeli jednak treść etykiety sprowadza się do reklam i obietnic cudownych rezultatów – lepiej poszukać innego preparatu. Wszystkim, którzy chcieliby dowiedzieć się więcej na temat suplementów, polecam książkę „Profilaktyka zdrowotna i fitoterapia" Krzysztofa Błechy i Iwony Wawer, (Wydawnictwo Bonimed, Żywiec 2011). To prawdziwe kompendium wiedzy o suplementach, ziołach, żywności funkcjonalnej. Lektura na pewno rozwieje wasze wątpliwości!

ROZDZIAŁ IX

SPRZYMIERZEŃCY KOBIECOŚCI

ROZDZIAŁ IX:

SPRZYMIERZEŃCY KOBIECOŚCI

Wbrew nazwie nie jest to rozdział przeznaczony tylko dla kobiet, choć myślę, że panie zainteresuje najbardziej. Pewnie nie raz czytałyście poradniki, w których podpowiadano wam, jak zachować zdrowie i urodę. W gazetach i telewizji aż roi się od reklam cudownych leków czy suplementów, które mają sprawić, że zachowacie wieczną młodość, upodobnicie się do top modelek, zawsze będziecie mieć ochotę na seks, a radosny nastrój nigdy nie będzie was opuszczał.

Mało jednak mówi się o tym, co najważniejsze, co nas buduje od środka, dodaje energii i pozwala zachować nasze ciało w dobrym stanie. Tym cudownym lekarstwem jest oczywiście zdrowe jedzenie. W tym rozdziale chciałabym pokazać wam, jak wielki wpływ ma na to, co buduje naszą kobiecość.

WIECZNA MŁODOŚĆ

To odwieczne marzenie, nie tylko pań. Poszukanie eliksiru młodości nie raz było tematem historii, jakie rozegrały się w życiu, literaturze, filmie czy sztuce. Czy zdajecie sobie sprawę z tego, że nasz organizm jest zaprogramowany na to, żebyśmy żyli 130 lat? Gdybyśmy przestrzegali racjonalnej, zbilansowanej diety i zadbali o odpowiedni poziom aktywności fizycznej, mielibyśmy szansę osiągnąć ten słuszny wiek. Niestety, dieta oparta na fast foodach i siedzący tryb życia skutecznie nas od tego odciągają.

Wieczna młodość na razie przerasta więc możliwości człowieka, ale spowolnienie procesów starzenia się organizmu jest osiągalne pod pewnymi warunkami.

Wiek zależy nie od metryki, ale od stanu naszych komórek – tego, jak sprawnie zachodzi w nich przemiana materii, ile energii dostarczają organizmowi, jak radzą sobie z usuwaniem toksyn. Innymi słowy zależy od stopnia odżywienia organizmu. Jeśli chcemy zachować młodość, pierwszym krokiem powinna być troska o odżywianie i ruch. Naturalnym procesem starzenia się organizmu jest redukcja masy mięśniowej – aby zachować młodość, musimy więc dbać o mięśnie i nie stosować żadnych destrukcyjnych diet. Powinniśmy zatem dobrze bilansować jedzenie, a zwłaszcza zadbać o odpowiednią ilość białka zwierzęcego. W przypadku zdiagnozowanego niedożywienia można się wspomóc suplementami, szczególnie serwatkowymi. Taki sposób żywienia wpłynie również na jędrność skóry i spowolnienie powstawania zmarszczek. Trening cardio pomoże w utracie tkanki tłuszczowej, a kiedy ćwiczenia na siłowni zbudują mięśnie, skóra będzie wydawała się bardziej napięta. Zdradzę wam jeszcze jeden sekret – gdy ćwiczymy, czujemy się bardziej atrakcyjni. Nie chodzi tylko o wymodelowaną sylwetkę, ale i o feromony. Istnieją doniesienia naukowe, że w czasie ćwiczeń zwiększa się ich produkcja.

To jednak nie wszystko. Odpowiednio odżywiony organizm ma lepiej wyregulowaną gospodarkę hormonalną. W szczególności poprawia się wydzielanie hormonu wzrostu. Nazywany jest on hormonem młodości, odpowiada za odbudowę i regenerację organizmu. Działa na zasadzie sprzężenia zwrotnego – jest niezbędny do odbudowy beztłuszczowej masy ciała, z kolei jego wydzielanie poprawia się, gdy organizm jest dożywiony. Dlatego kluczem do zachowania młodości, przez co rozumiem zachowanie potencjału regeneracji ciała, jest odbudowa tkanki mięśniowej, co jak wiemy, można osiągnąć przez odpowiednie odżywianie i ruch.

CZEKAJĄC NA MALEŃSTWO

W swojej poradni zajmuję się również kobietami i mężczyznami, którzy borykają się z problemami zdrowotnymi, takimi jak niepłodność. Nie mam takich kompetencji ani prawa, żeby na łamach tej książki udzielać lekarskich porad dotyczących walki z niepłodnością, ale mogę wam powiedzieć, jak ten problem wygląda z perspektywy dietetyka. Otóż w 2010 roku współuczestniczyłam w badaniach dotyczących powiązania płodności kobiet z ich składem ciała.

Uczestniczyły w nich 34 panie: 22 płodne i 12 niepłodnych. Każda z nich cierpiała na otyłość, jednak u części była to „zwykła" otyłość związana z nadmierną masą ciała, a u pozostałych – otyłość przy prawidłowej masie ciała (Normal Weight Obesity), co stwierdzono na podstawie badania składu ciała. Konsultacja dietetyczna, badanie i ustalenie diety oraz nadzorowanego wysiłku fizycznego były zalecone przez lekarzy prowadzących owe panie leczące się na niepłodność.

Jaki był efekt badań? Otóż okazało się, że kobiety niepłodne miały mniejszą średnią całkowitą masę ciała i masę mięśniową niż kobiety płodne. Obie grupy badanych miały przy tym zbyt dużą zawartość tkanki tłuszczowej, przekraczającą 30% masy ciała. Oznacza to, że niepłodne pacjentki cierpiały na nadwagę przy prawidłowej masie ciała (Normal Weight Obesity), a więc dużej masie tkanki tłuszczowej i niskiej masie mięśni, co z kolei skutkowało niskim współczynnikiem komórkowej masy ciała, zgodnie z normami, które ściśle definiują, kiedy mamy do czynienia z niedożywieniem komórkowym organizmu. Z kolei kobiety płodne miały wprawdzie sporo tłuszczu, ale też odpowiednio dużo mięśni, a ich parametr komórkowej masy ciała nie wskazywał na niedożywienie. Te badania pokazały, że istnieje silne powiązanie między niedożywieniem a niepłodnością. Niskiej komórkowej masie ciała częściej towarzyszą problemy z zajściem w ciążę, natomiast u kobiet mających właściwy indeks komórkowej masy ciała, nie stwierdzono większych problemów z niepłodnością.

Jak to przełożyć na twoją sytuację? Otóż jeżeli i ty masz problemy z zajściem w ciążę, dobrze byłoby, gdybyś oprócz badań ginekologicznych i endokrynologicznych zdecydowała się na konsultację dietetyczną. Przez trzy dni poprzedzające takie badanie prowadź szczegółowy zapis wszystkiego, co zjadłaś i wypiłaś. Zapisuj w nim nawet łyk kawy, cukierek czy dwa łyki wody! W dzienniczku powinien znaleźć się każdy produkt, jaki trafia do twoich ust, opatrzony oczywiście datą i godziną posiłku czy przekąski. Dodaj także godziny wstawania i kładzenia się spać, ewentualne informacje o drzemkach w ciągu dnia, a także trybie pracy i rodzaju aktywności fizycznej, jeśli taką uprawiasz. Taki szczegółowy spis pozwoli dietetykowi dokładnie przyjrzeć się twojej diecie i zmodyfikować ją tak, żeby była jak najkorzystniejsza dla zdrowia.

Podczas konsultacji poproś o badanie składu ciała metodą bioimpedancji elektrycznej. Pozwoli to dietetykowi określić, jaka jest twoja tłuszczowa i beztłuszczowa masa ciała, a także stopień odżywienia komórek. Być może okaże się, że cierpisz na niedożywienie. Wtedy możesz świadomie działać w taki sposób, aby zwiększyć swoje szanse na dziecko. A zatem zmień dietę według wskazań specjalisty, czyli zdecyduj się na odżywianie według metody pięciu posiłków dziennie. Bilansuj pożywienie tak, żeby zawierało odpowiednią ilość białka, tłuszczu i węglowodanów. Możesz wspomagać się suplementami diety, np. białkiem serwatki, żeby szybciej zwiększyć masę mięśniową. Dołącz do tego umiarkowane ćwiczenia cardio przez godzinę, trzy do pięciu razy tygodniowo. W ten sposób w ciągu kilku miesięcy zwiększysz swoją beztłuszczową masę ciała i poprawisz skład ciała, a to – jak wskazują badania – może mieć pozytywny wpływ na twoją płodność.

Takie działania będą miały jeszcze jeden przyjemny „skutek uboczny". Otóż będziesz się czuła bardziej atrakcyjna, na bieżni wypocisz nerwy, poprawi się twój stan psychiczny. Być może zechcesz dodać do aktywności cardio np. naukę tańca? Poczujesz się kobieco, radośnie, zaczniesz myśleć pozytywnie. A to, jak wiadomo, zawsze pomaga osiągnąć sukces, także wtedy, gdy chodzi o poczęcie upragnionego dzieciątka.

JESZCZE INNE SPOJRZENIE NA OTYŁOŚĆ

Na koniec tego rozdziału, kiedy – mam nadzieję – przekonałam was, że jedzenie to leczenie, zachowałam najważniejszą informację. Otóż nie dajcie się zwieść wizerunkowi powszechnie propagowanemu w mediach i przekonaniu, ze szczupła sylwetka bezwzględnie oznacza zdrowie. Dla zdrowia najważniejsze jest to, by dobrze bilansować pożywienie. Niekiedy nawet ludzie otyli, którzy jednak nie jedzą fast foodów czy słodyczy, ale kasze, mięso, warzywa, mają większą szansę doczekać późnych lat życia w dobrym samopoczuciu niż szczupli, ale niedożywieni. Dzieje się tak wtedy, gdy otyłość wynika z nadmiaru jedzenia i nie wiąże się ze spadkiem beztłuszczowej masy ciała. Takie osoby mają właściwą masę mięśniową, dożywione komórki i jest bardzo prawdopodobne, że nie zapadną na choroby cywilizacyjne.

Oczywiście nie piszę tego, by usprawiedliwiać nadwagę, ale by przekonać was, jak ważna dla zdrowia jest właściwa dieta. Jedzenie to leczenie. Ale nie tylko. Jak się przekonacie w następnym rozdziale, drugim lekiem niemal na wszelkie choroby, dostępnym praktycznie dla każdego, jest ruch.

ROZDZIAŁ X

PO ZDROWIE — MARSZ!

ROZDZIAŁ X:

PO ZDROWIE — MARSZ!

„Nic tak nie rujnuje ciała jak długotrwała bezczynność ruchowa" – pisał Arystoteles, jeden z najmądrzejszych ludzi starożytności. „Ruch jest w stanie zastąpić prawie każdy lek, ale żaden lek nie zastąpi ruchu" – wtórował mu pierwszy medyk Hipokrates. Nie mylili się. Wiedza sprzed paru tysiącleci jest nadal aktualna. Dziś wiemy, że siedzący tryb życia aż dwukrotnie zwiększa ryzyko zapadnięcia na chorobę wieńcową, natomiast regularna umiarkowana aktywność fizyczna sprawia, że spada ono o połowę. Osoby, które od dzieciństwa sporo się ruszają, żyją średnio o dwa lata dłużej niż ich bardziej leniwi rówieśnicy, ale nawet podjęcie aktywności fizycznej w wieku 65 lat znacznie przedłuża życie. Wśród osób, które uprawiają sport, ryzyko chorób układu krążenia jest 2,5 razy mniejsze, niż gdyby spędzały one wolny czas, siedząc na kanapie.

Narządy wewnętrzne – m.in. wątroba, serce, mózg – są skonstruowane tak, by zaopatrywać mięśnie w składniki odżywcze potrzebne do ich prawidłowego funkcjonowania. Jeśli energii brakuje i mięśnie nie spełniają swojej roli, zaburza to pracę całego organizmu. Ta zależność działa też w drugą stronę – regularna aktywność fizyczna poprawia działanie układów hormonalnego, trawiennego, odpornościowego i krążenia oraz pozostałych. Co oczywiste, korzystnie wpływa również na metabolizm. Mądrze uprawiane ćwiczenia sprawiają, że spada masa ciała, poprawia się sylwetka, lepszy jest metabolizm kwasów tłuszczowych i tolerancja glukozy. Spada „zły" cholesterol, wzrasta natomiast produkcja endorfin. Dzięki wysiłkowi fizycznemu poprawia się unaczynienie mięśnia sercowego, a obniża nasilenie miażdżycy w naczyniach wieńcowych. Maleje też ryzyko osteoporozy. I wreszcie, ćwicząc, mamy lepsze samopoczucie, mniej się denerwujemy, a bardziej doceniamy swoją wartość, co niewątpliwie ma również związek z wysportowaną, atrakcyjną sylwetką.

Wobec takich danych nie muszę was chyba przekonywać, że w moim programie odchudzającym duży nacisk kładę na zapewnienie pacjentom odpowiedniej dawki ruchu. Współczesne życie nie daje nam, niestety, zbyt wielu okazji do podejmowania aktywności. Coraz mniej osób pracuje fizycznie, zazwyczaj przez 8 godzin siedzimy w wymuszonej, niezmienionej pozycji przed komputerem. Do biura dojeżdżamy samochodem albo komunikacją miejską (choć przyznam, że z radością patrzę, jak coraz więcej osób przesiada się na rowery). Wszystkie prace wykonywane w domach naszych dziadków własnymi rękoma, załatwiają za nas lub pomagają nam automaty. Noszenie wody, rąbanie drewna na opał, a nawet ręczne pranie i zmywanie wydają się zamierzchłą przeszłością. Pralka i zmywarka pracują za nas, wystarczy tylko wcisnąć mały przycisk. Nawet przygotowywanie potraw nie wymaga już wielogodzinnego stania przy kuchni, bo mamy mikrofalówki i szybkowary. A co robimy z zaoszczędzonym dzięki temu czasem? Niestety, w wielu wypadkach zamiast przeznaczyć godzinę na sport czy choćby zwykły spacer, zalegamy na kanapie przed telewizorem...

Chciałabym jednak, abyście pozbyli się nawyku bezczynności i przekonali się, że rozsądnie uprawiany sport daje nie tylko zdrowie i szczupłą sylwetkę, ale też dużą przyjemność. Nasz organizm zaprogramowany jest na ruch. Znajduje się w nim aż 206 kości i ok. 650 mięśni, co u kobiet stanowi 30–40%, a u mężczyzn 40–50% masy ciała. Mięśnie sprawiają, że możemy chodzić, pracować czy ruszać się w jakikolwiek inny sposób. Od ich siły i wytrzymałości zależy nasze funkcjonowanie na wielu polach, od jazdy na nartach, przez sprawne wykonywanie prac domowych, po... seks.

Rzecz jasna, aby czerpać te profity, musimy utrzymywać mięśnie w dobrej kondycji. Bezczynność powoduje utratę ich odporności na wysiłek fizyczny, co w efekcie sprawia, że szybciej się męczą, a nawet mogą zaniknąć. Na szczęście nawet długoletnie zaniedbania w tej kwestii są odwracalne. Organizm ludzki jest tak cudownie skonstruowany, że potrafi się adaptować do nowych warunków – ta zasada dotyczy również mięśni. Systematyczny wysiłek fizyczny wzmacnia je i rozwija. I nie mówię tu tylko o młodych ludziach. Ruszać się można, a nawet należy, w każdym wieku, wystarczy tylko dobrać ćwiczenia do swojej kondycji. Dwudziestolatkowie mogą ćwiczyć na siłowni, grać w squasha albo pokonywać dziesiątki kilometrów na rowerze. Starszym osobom – takim jak moja ponadosiemdziesięcioletnia mama – wystarczy nordic walking w umiarkowanym tempie, najlepiej w towarzystwie, co daje jeszcze większą przyjemność.

TAJEMNICE KLUBU FITNESS

W swoim programie „Skuteczne Odchudzanie" polecam trening cardio i siłowy. Właśnie do tych form aktywności fizycznej będę was zachęcać również w tym poradniku. Są one niezastąpione nie tylko jeśli chodzi o odchudzanie, ale i o leczenie chorób cywilizacyjnych. Rozumiem jednak, że każdy ma swoje upodobania, a przecież właściwie każda forma ruchu jest godna pochwały. Dyscypliny grupowe wyrabiają refleks i umiejętność współpracy. Różne rodzaje fitness to przede wszystkim świetna zabawa. Nie mają zbyt dużego wpływu na chudnięcie i modelowanie sylwetki (aerobik to wbrew nazwie nie trening cadrio, ale siłowy, podczas którego jednak – ze względu na tempo ćwiczeń – nie możemy ustabilizować tętna). Znakomicie jednak się sprawdzą, jeśli potraktujemy je jako rozrywkę. Bieganie jest najzdrowsze, gdy uprawiamy je w plenerze, np. w lesie – utwardzane miejskie ścieżki mają negatywny wpływ na stawy. Najlepiej, gdy taki trening trwa do godziny. Udział w biegach długodystansowych radziłabym dobrze rozważyć – podczas tej dyscypliny większość energii pochodzi nie ze spalania tkanki tłuszczowej, ale z mięśni, co może skutkować ich destrukcją.

Pilates z kolei polecam jak najbardziej. To znakomity zestaw ćwiczeń, który odciąża kręgosłup, modeluje sylwetkę, relaksuje, stabilizuje oddech i tętno. Krótko mówiąc, to coś, czego nam rzeczywiście potrzeba w naszych zwariowanych czasach. Jeśli zdecydujecie się na tę formę ruchu, pamiętajcie tylko, żeby wybrać dobrego trenera, bo jakiekolwiek zaniedbania mogą skutkować urazami kręgosłupa. Najlepiej poszukać wyspecjalizowanego studio pilatesu czy dobrego klubu fitness. Podobnie ma się sprawa z jogą, którą należy ćwiczyć pod okiem doświadczonego mistrza. Joga jest w gruncie rzeczy dyscypliną siłową, bo ze względu na występujące podczas treningu obciążenia i napięcia mięśni działa na podobnej zasadzie jak trening oporowy. To wspaniałe ćwiczenia, jeśli chcemy kształtować sylwetkę, usprawnić funkcjonowanie mięśni albo wspomóc leczenie kręgosłupa. Nie sprawdzają się natomiast jako trening odchudzający. Do zajęć mających efekt podobny jak rehabilitacyjny zaliczam również treningi na basenie – pływanie albo aqua aerobik. Nie powodują takiego spalania tkanki tłuszczowej, jakie jest potrzebne przy odchudzaniu, natomiast modelują figurę i zbawiennie wpływają na kręgosłup, stawy.

NIE BÓJ SIĘ SIŁOWNI

Gdy jednak zależy wam na schudnięciu, a dodatkowo na wymodelowaniu sylwetki i poprawie zdrowia, zdecydowanie polecam trening cardio o średniej intensywności, do którego na późniejszym etapie – po mniej więcej dwóch tygodniach, jeżeli nie macie żadnych urazów – dodacie trening oporowy. Ten pierwszy usprawnia pracę serca i całego układu krążenia, a ponadto powoduje spalanie tkanki tłuszczowej. Drugi modeluje sylwetkę, wzmacnia mięśnie, ścięgna, więzadła i kości, dzięki czemu wspomaga leczenie osteoporozy.

Zapraszam więc do siłowni. Pierwszy krok na drodze do uzyskania kondycji fizycznej to znalezienie dobrego klubu. Zwracajcie uwagę, by był wyposażony w różnego rodzaju maszyny. Bieżnia, rowerek, orbitrek, a także urządzenia do ćwiczeń siłowych to niezbędne minimum. Ta różnorodność jest ważna szczególnie wtedy, gdy cierpimy na dolegliwości uniemożliwiające wykonywanie niektórych ćwiczeń. Wszelkie wskazówki dotyczące ochrony zdrowia podczas ćwiczeń powinniście otrzymać od profesjonalnego trenera, który może zająć się indywidualnie każdą osobą. Klub, trener... Rozumiem naturalnie, że korzystanie z siłowni może być obciążeniem finansowym. Gdy masz wybór: siłownia albo fitness, radzę ci zrezygnować z fitnessu i zainwestować w karnet na siłownię (zazwyczaj zresztą jest tańszy), bo odpowiednio dobrane ćwiczenia zapewnią ci zdrowie, odchudzą i pomogą wymodelować sylwetkę, czego nie można powiedzieć np. o aerobiku. Jeśli jednak nie chcesz kupować karnetu albo w twojej okolicy nie ma odpowiedniego klubu, możesz urządzić sobie siłownię w plenerze. Wystarczą sportowe buty i dres, a w dłoni półtoralitrowa butelka wody. Szybki marsz zastąpi ćwiczenia na bieżni, świetny będzie też nordic walking (trzeba tylko zapewnić sobie możliwość picia wody, a więc np. kupić specjalny pas do ćwiczeń z uchwytem na butelkę) czy jazda na rowerze. Oczywiście musisz zmotywować się do tego, by ćwiczyć regularnie, bez względu na porę roku i pogodę. Na początku może to być trudne, ale po kilku tygodniach przywykniesz do nowego stylu życia. Wizyty na siłowni też przecież wymagają dyscypliny. Zresztą po jakimś czasie endorfiny wydzielające się podczas ćwiczeń zrobią swoje i trudno ci będzie pomyśleć, że możesz wrócić do dawnego leniwego stylu życia.

PIERWSZE KROKI W SPORTOWYCH BUTACH

Na początku najważniejsze jest postanowienie, że ćwiczysz regularnie i tej zasady się trzymaj! Podobnie jak odchudzanie za pomocą diety i picia wody musisz przeprowadzić do końca, tak samo tutaj potrzeba ci konsekwencji. Jeśli zdecydujesz, że będziesz ćwiczyć, powinieneś to robić przynajmniej trzy razy w tygodniu. Dla zdrowia i układu krążenia, ćwiczenia „zrywami" są bardzo niekorzystne. W przeciwnym wypadku lepiej nie zaczynać wcale. Przeraża cię wizja regularnych ćwiczeń? Pomyśl o myciu zębów czy braniu prysznica ... i potraktuj trening jak element codziennej higieny.

Regularność jest bardzo ważna, bo nasz układ krwionośny zapamiętuje efekt wysiłku fizycznego tylko przez 48 godzin – oznacza to, że dla zdrowia powinniśmy ćwiczyć przynajmniej co drugi dzień, najlepiej jednak robić to każdego dnia. Zestaw ćwiczeń, jaki wam proponuję, jest całkowicie bezpieczny i pod względem wysiłku oraz nakładów energetycznych nie różni się od tego, co podczas zwykłego dnia mieli do zrobienia nasi dziadkowie czy rodzice. Chodzi o pokonania drogi do pracy, spaceru z dzieckiem, pracy w polu czy zajęć domowych. Z natury nie jesteśmy bowiem leniwi. Nasz organizm jest zaprogramowany na wysiłek i tylko wtedy, gdy się na niego zdobędzie, czuje się dobrze. A ponieważ, jak powiedziałam wcześniej, współczesne życie nie dostarcza nam ku temu wielu okazji, musimy tworzyć je sobie sami.

TRENING AEROBOWY, CZYLI CARDIO

Podczas treningu cardio mięśniom dostarczana jest energia powstająca w wyniku przemian tlenowych. Dlatego też inne nazwy dla tego typu ćwiczeń to trening tlenowy lub aerobowy (nie mylić z aerobikiem!). Pomaga on w zwiększeniu wytrzymałości organizmu, a także w redukcji podskórnej tkanki tłuszczowej, stąd jest niezastąpiony, gdy chcemy poprawić kondycję oraz skład ciała.

Już w momencie rozpoczęcia treningu nasz metabolizm wzrasta, a serce intensywniej pompuje krew. W ten sposób zwiększa się jego wydolność, zwłaszcza że serce – o czym czasem zapominamy – też jest mięśniem, który należy trenować. Aby ćwiczenia cardio były efektywne, powinny trwać minimum 30 minut, ale nie więcej niż 90 minut. W pierwszej fazie (do ok. 20–30 minut) spalany jest bowiem glikogen z narządów, np. wątroby, a przede wszystkim z mięśni, a dopiero potem organizm sięga po zapasową tkankę tłuszczową. W swojej poradni zalecam zazwyczaj zestaw 20 minut szybkiego marszu na bieżni, 20 minut na rowerku stacjonarnym i 20 minut na elipsie. Jeśli ćwiczysz samodzielnie w plenerze albo na basenie, może to być np. godzina szybkiego marszu albo marsz połączony z późniejszą jazdą na rowerze lub pływanie zmiennymi stylami. Świetnie sprawdzi się także godzinna jazda na rolkach lub nordic walking. Bardzo ważne jest picie wody z elektrolitami albo sokiem z aronii, żurawiny lub aloesu.

Podczas godzinnych ćwiczeń należy wypić od 1 do 1,5 litra wody. To proste. Na siłowni wystarczy na chwilę zwolnić tempo na bieżni i sięgnąć po butelkę. Także podczas marszu w plenerze zawsze miejmy wodę ze sobą, w ręku lub specjalnym pasie z uchwytem, jeśli uprawiamy nordic walking.

Dlaczego polecam marsz, a nie bieganie? Otóż w czasie intensywnego marszu spalamy 5 kcal w ciągu minuty, a w czasie intensywnego biegu 10 kcal/min. W przypadku marszu jednak aż 80% energii pochodzi z tkanki tłuszczowej, a w przypadku biegu jest to tylko 50%! Oznacza to, że gdy maszerujemy, nasz organizm czerpie energię przede wszystkim z zapasów tłuszczowych, osłaniając mięśnie. Jest to szczególnie ważne w sytuacji, kiedy chcemy odbudować beztłuszczową masę ciała, a redukować tłuszcz. Aby trening był skuteczny, należy kontrolować swoje tętno, a dzięki temu również intensywność wysiłku. Spalanie tkanki tłuszczowej następuje wtedy, gdy podczas ćwiczeń utrzymujemy tętno na poziomie między 65 a 85% tętna maksymalnego. Tętno maksymalne obliczamy według wzoru:

HR max [tętno] = 220 – wiek w latach

Oznacza to, że przykładowo dla 38-letniej kobiety tętno maksymalne wynosi HR=220-38=182. Podczas efektywnych ćwiczeń aerobowych powinna utrzymywać tętno w przedziale 118–154. Z kolei np. 45-letni mężczyzna ma maksymalne tętno 175, natomiast w czasie treningu powinien utrzymywać je pomiędzy 113 a 149.

Tętno należy sprawdzać przez cały czas trwania ćwiczeń. W dobrych siłowniach urządzenia mają mierniki tętna w uchwytach – wystarczy przyłożyć do nich na chwilę ręce, by odczytać pomiary. Często w klubach fitness można wypożyczyć pulsometry. Jeśli trenujemy w plenerze, takie urządzenie warto kupić samemu. Inna metoda to mierzenie tętna co około kwadrans, przykładając rękę do tętnicy szyjnej lub nadgarstka. Jeżeli ćwiczymy w towarzystwie, najprzyjemniejsze będzie sprawdzanie, na ile jesteśmy w stanie rozmawiać podczas treningu (gdy jesteśmy sami, możemy np. cicho odliczać). Tempo treningu jest odpowiednie, kiedy możemy bez zadyszki wypowiadać krótkie zdania. Jeśli nie jesteśmy w stanie nic mówić, oznacza to, że zbytnio się forsujemy. Gdy z kolei swobodnie prowadzamy pogawędkę, ćwiczenia są za mało intensywne. Z biegiem czasu zresztą poznamy dobrze swój organizm i wtedy będziemy w stanie sami określić, czy wykorzystujemy około 70% maksymalnej wydolności.

Trening cardio zadziała najlepiej, jeżeli będziemy wykonywać go rano, gdy poziom glikogenu jest najniższy, a więc organizm szybciej musi sięgnąć po zapasy z tkanki tłuszczowej. Dodatkowy plus porannych treningów jest taki, że o ile nie mamy małych dzieci, możemy wtedy stosunkowo łatwo wygospodarować czas dla siebie. Po pracy bowiem bez problemu znajdziemy wymówkę – konieczność nagłych zakupów, spotkanie towarzyskie, dodatkowe zajęcia, wieczór z partnerem... Poranna godzina może być nasza i tylko nasza. Zmobilizowanie się do wstania wcześniej niż zwykle bywa oczywiście trudne, ale powinien pomóc prosty trik – ułożenie obok łóżka stroju sportowego i butów. To, czy ćwiczysz na czczo, czy po małej przekąsce, zależy wyłącznie od twojego organizmu. Jeśli czujesz się słabo (prawdopodobnie spadł poziom cukru po nocnej regeneracji organizmu), wtedy warto zjeść niewielkie, wartościowe danie – zajrzyj do przepisów na końcu poradnika. Jeśli nic ci nie dolega, możesz ćwiczyć na czczo. Zdaję sobie jednak sprawę, że nie wszyscy mogą mieć ochotę na poranne ćwiczenia. W takiej sytuacji warto wykonywać trening cardio po krótkim treningu siłowym (o nim więcej za chwilę), podczas którego spalimy glikogen. Można też wykonać je wieczorem, gdy poziom tego cukru jest niski ze względu na mniejsze spożycie węglowodanów po południu. Do 30 minut po treningu, niezależnie od pory dnia, należy zjeść lekki posiłek, który dostarczy białka i węglowodanów, przyspieszy spalanie i zregeneruje organizm po wysiłku. Może to być np. koktajl białkowy albo twarożek z bananem.

Efekty dobrze wykonywanego treningu cardio nie każą długo na siebie czekać. Już po kilku sesjach zauważycie, że wasza kondycja się poprawia, a godzinne ćwiczenia w siłowni przestają sprawiać trudność. Jeśli zdarzy się, że będziecie musieli przerwać treningi na

parę dni, potem równie szybko wrócicie do formy. Zaczniecie mieć ochotę na coraz większą dawkę zdrowego
ruchu – być może np. przesiądziecie się z auta na rower.
Z drugiej strony, zmniejszy się wasza chętka na słodycze.
Będziecie świadomi, jak wiele wysiłku kosztuje spalenie
czekoladowego batona. Dodatkowe korzyści to podwyższony metabolizm, lepsza sprawność serca i płuc,
obniżenie „złego" cholesterolu i zwiększona odporność
na choroby. Ćwiczenia aerobowe poprawiają pracę organizmu na poziomie komórki, sprawiając, że tłuszcz
jest spalany bardziej wydajnie, co wiąże się ze zwiększoną wrażliwością na insulinę. Obniża to ryzyko zachorowania na cukrzycę. Ale zmiany na lepsze dostrzeżecie
też gołym okiem. Wasza sylwetka zacznie się poprawiać
dość szybko, po kilku tygodniach zauważycie, że figura
„wysubtelniała" i pojawiły się mięśnie. Gwarantuję wam,
te efekty sprawią, że nie będziecie już potrzebować żadnej dodatkowej motywacji do wysiłku fizycznego. Po
prostu godzina, kiedy możecie założyć strój sportowy,
stanie się wyczekiwaną porą dnia.

TRENING OPOROWY, CZYLI SIŁOWY

Ten rodzaj wysiłku określamy jako anaerobowy (beztle-
nowy). Podczas ćwiczeń z obciążeniem tętno i oddech
są na tak wysokim poziomie, że organizm nie sięga już
do tkanki tłuszczowej, ale pobiera energię z łatwiej do-

stępnych źródeł. Taki rodzaj treningu ma na celu przede wszystkim budowę mięśni i modelowanie sylwetki. Ponieważ mięśnie są największym regulatorem procesów metabolicznych i „spalaczem" energii, trening oporowy pośrednio odgrywa rolę także w redukowaniu tkanki tłuszczowej. W żadnym wypadku nie może zastąpić treningu cardio, ale jest jego ważnym uzupełnieniem w kuracji odchudzającej. Ćwiczenia oporowe włączamy do naszego programu aktywności dopiero wtedy, gdy „uruchomimy" organizm i nabierzemy kondycji, czyli po około dwóch tygodniach od rozpoczęcia treningu cardio.

Trening siłowy możemy wykonywać z oporem własnego ciała (np. pompki, brzuszki), z wolnymi ciężarami (np. hantle, sztangi) lub na specjalnych maszynach oporowych znajdujących się w siłowni. Możemy także prowadzić trening izometryczny, który polega na napinaniu poszczególnych grup mięśni bez ich rozciągania. Taki rodzaj wysiłku sprawdzi się, gdy np. jesteśmy unieruchomieni w łóżku przez chorobę. To również doskonały patent na wzmacnianie mięśni, szczególnie tych „głębokich", żywiących się kwasami tłuszczowymi, kiedy jedziemy autobusem, stoimy w kolejce, a nawet siedzimy w pracy. Cenną radą dla kobiet chodzących na obcasach jest wciąganie brzucha. W ten sposób nie męczą się mięśnie kręgosłupa, a sylwetka wygląda perfekcyjnie. Niemal każdą wolną chwilę możemy więc wykorzystywać na poprawę swojej kondycji.

Wróćmy jednak na siłownię. Trening oporowy należy rozpocząć pod okiem trenera, który wskaże urządzenia, jakie są bezpieczne dla danej osoby – minimalizują ryzyko urazów, chronią przez nadwyrężaniem tych części ciała, jakie mogą sprawiać problem, np. pewnych odcinków kręgosłupa. Ustali również odpowiednie obciążenia, liczbę powtórzeń i serii. Takie rzeczy bezwzględnie trzeba wiedzieć przed rozpoczęciem ćwiczeń. Potraktujcie też trenera prawie jak lekarza – opowiedzcie mu o wszelkich dolegliwościach, a także planach, jakie wiążecie z treningiem (np. wymodelowanie poszczególnych partii ciała). Tylko w ten sposób ruch będzie bezpieczny i skuteczny. Dobry trener może również podpowiedzieć, jakie ćwiczenia siłowe wykonywać w domu i jaka jest prawidłowa technika treningu z wykorzystaniem oporu własnego ciała. To zadziwiające, ale czasem nawet kąt ustawienia stopy może wpływać na efektywność treningu. Jeśli nie mamy możliwości konsultacji z trenerem, a szukamy propozycji ćwiczeń np. w Internecie lub w prasie, dokładnie czytajmy wskazówki wykonywania i trzymajmy się ich.

Trening siłowy powinniśmy powtarzać 2–3 razy w tygodniu. Początkującym zajmie on około 10 minut, przykładowo po zakończeniu cardio. Bardziej zaawansowani niech przeznaczą na siłownię pół godziny. Zazwyczaj wykonujemy 3 serie każdego ćwiczenia po 8–12 powtórzeń w serii. Początkującym może jednak wystarczyć tylko jedna seria. Największe i najsilniejsze mięśnie, np. mięsień piersiowy czy czworogłowy uda, powinniśmy trenować najdłużej. Mięśnie mniejsze, np. triceps, zadowolą się mniejszą liczbą serii. Ponieważ organizm przyzwyczaja się do jednostajnego wysiłku, przez co ten staje się mniej efektywny, co jakiś czas (4–6 tygodni) zmieniajmy obciążenie i liczbę serii. Jeśli trenujemy w domu, poszukajmy po prostu innego niż dotychczas zestawu ćwiczeń. W prasie, książkach i Internecie jest ich ogromny wybór.

Bardzo ważna jest koncentracja w każdej fazie wykonywania ćwiczenia (podnoszenie i opuszczanie ciężaru), a także stabilny oddech. Wydech z zasady powinien następować wtedy, gdy mięśnie są maksymalnie napięte, np. podczas podnoszenia ciężaru. Nigdy nie wstrzymujmy oddechu! Może to zwiększyć ciśnienie w mózgu i naczyniach krwionośnych, a nawet doprowadzić do omdlenia. Ważne jest również to, by podczas ćwiczeń wykonywać pełny ruch, a nie skracać go czy zniekształcać. Dlatego zarezerwujcie sobie czas na trening, a jeśli nie macie go zbyt wiele, wykonajcie mniej serii, za to bardzo dokładnie.

Wiele kobiet pyta mnie, czy trening siłowy nie rozbuduje nadmiernie mięśni. W żadnym wypadku! Trener wskaże odpowiednie obciążenie, więc nie będzie takiego ryzyka. Wymodelowane podczas ćwiczeń oporowych mięśnie będą wyglądać pięknie, sylwetka nabierze właściwego kształtu, a skóra stanie się bardziej jędrna. Taki trening pomaga również nadać ciału właściwsze proporcje. Przykładowo, kobieta, która skarży się na otyłość typu „gruszka", podczas ćwiczeń cardio powinna zadbać o spalanie tkanki tłuszczowej, a podczas ćwiczeń siłowych o budowanie i wzmacnianie mięśni ramion oraz klatki piersiowej. Spadek choćby 10 milimetrów w obwodzie ud i poszerzenie barków o 1–1,5 centymetra potrafią w zasadniczy sposób poprawić sylwetkę, tak by przypominała ona wymarzoną klepsydrę.

Nie bójcie się więc treningu siłowego i jak najczęściej korzystajcie z dobrodziejstw cardio. Odpowiednia dieta, picie wody i ruch potrafią zdziałać cuda. I to nie tylko jeśli chodzi o sylwetkę, ale także o zdrowie. Bo jak wam za chwilę wyjaśnię, nie tylko jedzenie to leczenie. Hipokrates miał rację, także ruch jest lekarstwem na wiele chorób, w tym tak groźnych jak współczesne schorzenia cywilizacyjne.

SERCU NA ZDROWIE

Choroba wieńcowa to jeden z największych zabójców naszych czasów. Zwana jest również chorobą niedokrwienną serca i jest to bardzo rozpowszechnione schorzenie układu krążenia w krajach rozwiniętych, a śmierć z powodu zawału to jedna z najczęstszych przyczyn zgonów. Powody rozwoju tej choroby są bezpośrednio związane z niezdrowym stylem życia współczesnych Europejczyków, w tym – niestety – Polaków. Regularna aktywność fizyczna może jednak w dużym stopniu zredukować ryzyko. Sprawia ona, że zmniejsza się częstotliwość skurczów serca, a organizm jest bardziej dotleniony. Poprawia się kurczliwość serca, dzięki czemu wzrasta jego wydolność. Pamiętajmy też, że serce jest mięśniem. Odpowiednio zbilansowana dieta, a także obowiązkowy posiłek regeneracyjny do 30 minut po treningu (białkowo-węglowodanowy, może to być odżywka), dostarczą mu składników odżywczych i utrzymają w dobrej kondycji. To wszystko sprawia, że osoby o dużej aktywności fizycznej są 2,5 razy mniej podatne na choroby serca niż te, które prowadzą siedzący tryb życia. Umiarkowana aktywność fizyczna o połowę zmniejsza ryzyko choroby wieńcowej. Jest to dla mnie szczególnie ważne, bo często pomagam pacjentom z takim schorzeniem.

CIŚNIENIE W DÓŁ

Kiedy patrzę na wyniki badania ciśnienia krwi ludzi podejmujących ćwiczenia, to z punktu widzenia dietetyka prowadzącego również treningi potrafię z nich wyczytać następujące informacje. Otóż przy nadciśnieniu tętniczym, czyli wzroście ciśnienia krwi powyżej 130/90 mm Hg, dolna wartość (ciśnienie rozkurczowe) może pokazywać, że dany pacjent jest niewytrenowany. Podwyższone ciśnienie dolne, ogólnie rzecz ujmując, dowodzi braku kondycji i zdradza, że dana osoba stroni od aktywności fizycznej, a nawet jeśli czasami ćwiczy, robi to źle – nieregularnie, nie pijąc dostatecznej ilości wody.

Wydaje się logiczne, że jeśli wysokie ciśnienie rozkurczowe świadczy o niewytrenowaniu, to odpowiednio uprawiane ćwiczenia fizyczne będą sposobem na poprawienie parametrów zdrowotnych. Dotyczy to jednak sytuacji, w której dolna wartość ciśnienia nie przekracza 100 mm Hg. Jeśli jest wyższa, należy niezwłocznie iść do kardiologa, a potem być może do szpitala, gdzie ciśnienie zostanie ustabilizowane farmakologicznie. Uprawianie sportu w takiej sytuacji byłoby poważnym zagrożeniem dla zdrowia, a nawet życia. Dlatego tak ważne jest, żeby osoby otyłe przed przystąpieniem do treningu i odchudzania skonsultowały się z lekarzem.

Pozostałych zapraszam na bieżnię. Bo właśnie trening cardio, podczas którego utrzymujemy odpowiedni odsetek rezerwy tętna połączony z piciem wody, przynosi najlepsze rezultaty w leczeniu nadciśnienia tętniczego. Podczas pierwszej sesji ćwiczeniowej z takim pacjentem, jak również każdej innej osoby, która trafia do mojej poradni, przeprowadzam test wydolnościowy. Czterokrotnie wykonuję pomiar ciśnienia tętniczego: przed rozpoczęciem treningu aerobowego, po pierwszych 15 minutach jego trwania (np. po szybkim mar-

szu na bieżni), po kolejnych 15 minutach (np. po rowerku) i wreszcie po ostatniej 15-minutowej serii ćwiczeń
(np. na elipsie). Co zaskakujące, po zakończeniu niespeł-
na godzinnego treningu poziom ciśnienia krwi jest nie-
znacznie niższy, niż był na początku! Z czego to wynika?

Otóż po rozpoczęciu ćwiczeń ciśnienie gwałtownie się
podnosi i przez kilka minut utrzymuje na wysokim poziomie. Wtedy jednak organizm szybko włącza mechanizm
chroniący serce przed – obrazowo mówiąc – eksplozją.
Gdy ciśnienie osiągnie pewien pułap, natychmiast je zbi-
ja do poziomu wyjściowego. Widzę to wyraźnie po wynikach testu „wydolnościowego". Jeśli jednak powtarzamy
trening codziennie, organizm zacznie obniżać ciśnienie
nawet poniżej poziomu wyjściowego, żeby – znów uży-
ję metafory – nie napracować się kolejnego dnia. Tak jak
wspomniałam wcześniej, układ krwionośny zapamiętuje ostatnie 48 godzin pracy, więc wysiłek odniesie rezultaty, jeśli przyzwyczaimy ciało do regularnej pracy przynajmniej co drugi dzień. Pierwsze rezultaty w postaci
niewielkiego obniżenia ciśnienia skurczowego i rozkurczowego zobaczymy już po kilku dniach. Na trwalszy
rezultat trzeba pracować przez około dwa miesiące. Ten
sposób obniżania ciśnienia jest skuteczny i nie powinien powodować skutków ubocznych. To znaczy prze-
praszam, jest jeden efekt uboczny leczenia ruchem – to
utrata tkanki tłuszczowej i smuklejsza sylwetka...

CELLUILIT? JUŻ ZAPOMNIAŁAM...

W wielu źródłach możecie znaleźć informacje o tym, że uprawianie sportu wspomaga walkę z cellulitem. Nie jest to do końca ścisła wiadomość – tak jak przy każdym leczeniu, tak i tutaj lekarstwo musi być właściwie przepisane. Leczeniu? Tak, bo cellulit – z czego nie wszyscy sobie zdają sprawę – jest zmianą patologiczną. A środkiem zaradczym są odpowiednio dobrane ruch i dieta.

Opinie na temat cellulitu różnią się – jedni uważają go za chorobę, inni za defekt kosmetyczny. Pewne jest to, że dotyczy aż 95% kobiet, niezależnie od ich typu sylwetki, i coraz częściej pojawia się u mężczyzn, a także u nastolatek. Cellulitem zazwyczaj objęte są uda, pośladki i brzuch, ale może on występować też na łydkach, przedramionach, a nawet piersiach. Rozwija się etapowo, w zaawansowanych stadiach daje charakterystyczny efekt skórki pomarańczowej, a w najpóźniejszej fazie – bolesnych zgrubień, uwypukleń, rowków i fałd na skórze.

Za zmiany skórne, które towarzyszą cellulitowi, odpowiada zwłóknienie tkanki łącznej znajdującej się w skórze właściwej, a także zmiany w podskórnej tkance tłuszczowej. Mikrokrążenie krwi jest osłabione, co prowadzi do obrzęku wewnątrzkomórkowego, a także osłabienia drenażu limfatycznego. Komórki tłuszczowe wraz z otaczającymi je pęczkami włókien kolagenowych są wypychane ku powierzchni skóry. Włókna tkanki łącznej tracą jednak elastyczność, przez co nie potrafią się rozciągnąć i dostosować do objętości tkanki tłuszczowej. W ten właśnie sposób powstają nierówności, czyli znany nam efekt skórki pomarańczowej. Przy wciąż utrudnionym miejscowym krążeniu krwi schorzenie pogłębia się, a z czasem pojawia się również ból. Takiemu stanowi rzeczy sprzyjają nasze niezdrowe przyzwyczajenia: przejadanie się, potrawy typu fast food, używki, siedzący tryb życia i stres.

Cellulit nie jest jednak tylko efektem zbyt kalorycznej diety i braku ruchu. Mało się dotąd mówiło na ten temat, ale jego najważniejszą przyczyną jest nadmierne zakwaszenie organizmu. Jego naturalne pH jest lekko zasadowe, jednak zaburzamy je przez spożywanie niezdrowych posiłków, używki czy stres. Z tego właśnie powodu nie pomogą jednostronne diety, wklepywanie kosmetyków, lekarstwa, a nawet samo picie wody. Potrzebny jest kompleksowy program działań, który pomoże przywrócić organizmowi równowagę kwasowo-zasadową.

Aby pozbyć się skórki pomarańczowej, trzeba połączyć cztery czynniki, o których nieraz tu mówiłam, i do których tak naprawdę sprowadza się moja metoda: dietę, ruch, picie wody a nawet suplementy, takie jak witamina C wspomagająca regenerację kolagenu. Oprócz tego, że należy jeść regularnie co trzy godziny, trzeba spożywać dużo pokarmów zasadowych, takich jak warzywa i kasze. Mimo kwaśnego smaku zasadotwórcze są też np. cytryna, grejpfrut i limonka. Sprawdzą się również mieszanki ziół, przypraw, korzeni i roślin, które dzięki naturalnym przeciwutleniaczom wspomagają oczyszczanie organizmu. Można je kupić w sklepach ze zdrową żywnością, dodawać do sałatek, surówek lub zaparzać herbatki. Idealnym posiłkiem odkwaszającym będzie np. śniadanie, jakie wam zaproponowałam: płatki owsiane namoczone wcześniej w wodzie, z dodatkiem nasion i suszonych owoców. Zamiast płatków można przygotować owsiankę, kaszę gryczaną lub jaglaną na ciepło.

Pomiędzy posiłkami i w czasie uprawiania sportu należy wypijać nie mniej niż 2,5 litra wody dziennie. Wsparciem dla tych działań będą regularne ćwiczenia cardio o umiarkowanej intensywności.

Tu może pojawić się argument, że ćwiczenia fizyczne powodują zakwaszanie organizmu. Tak, ale właśnie z tego powodu musimy pić wodę. W czasie ćwiczeń cardio redukuje się tkanka tłuszczowa, a „popiół" z jej spalania, jak już wiesz, wyrzucany jest do przestrzeni międzykomórkowych. W jego usuwaniu pomoże wypijanie 1–1,5 litra wody w czasie godzinnego treningu. Dzięki temu wypłuczemy produkty przemiany materii i będziemy pracować na jędrność ciała. Warto dodać do wody preparaty o działaniu przeciwutleniającym, np. naturalne soki z dużą zawartością polifenoli, takie jak sok z aronii. Jak wiesz z rozdziału Leczenie przez jedzenie, pomagają one niwelować stres oksydacyjny i tym samym wspomagają leczenie cellulitu.

Rozdział X • Po zdrowie – marsz!

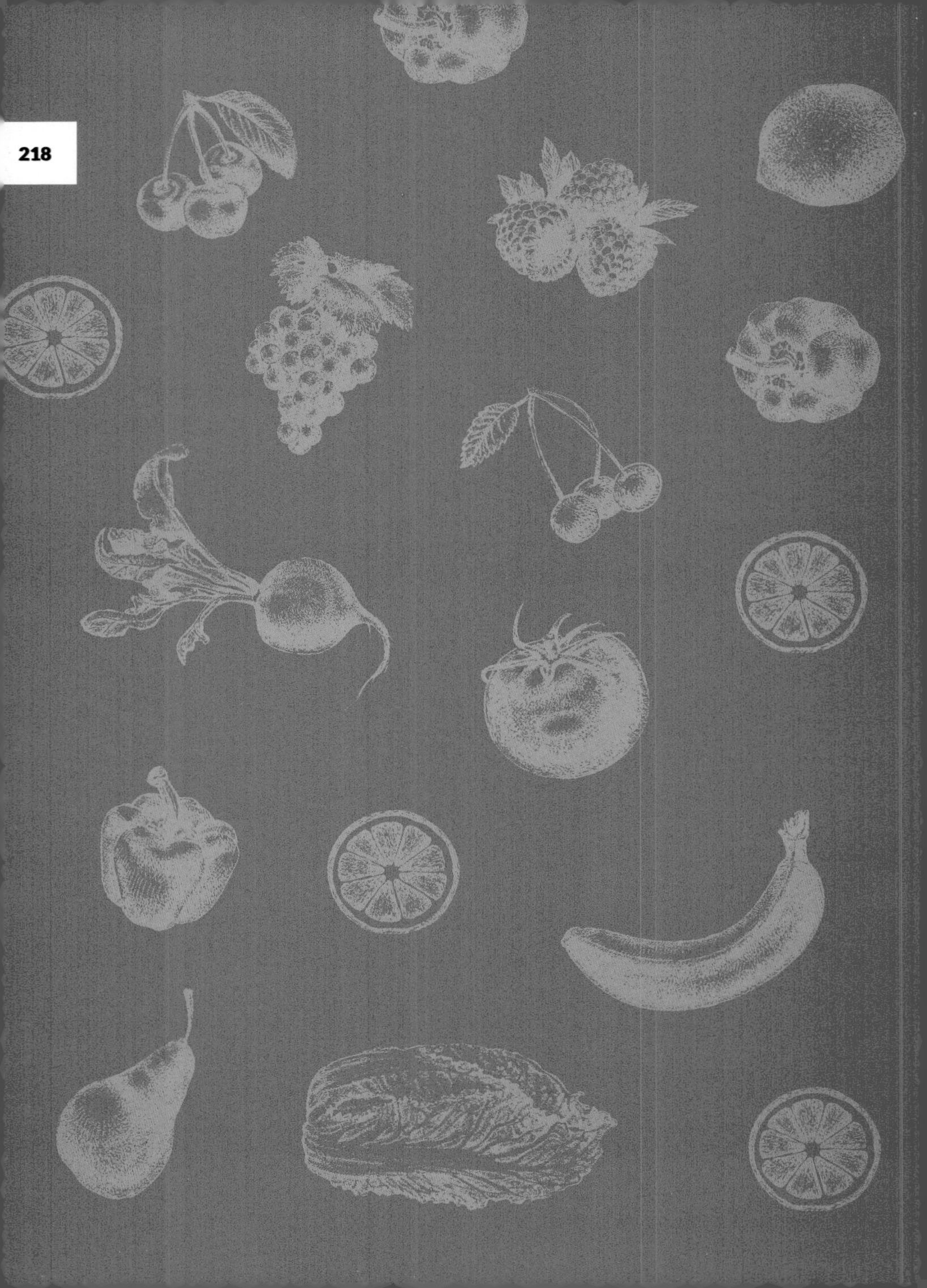

ROZDZIAŁ XI

MOTYWACJA
I INNE SZTUCZKI

ROZDZIAŁ XI:

MOTYWACJA I INNE SZTUCZKI

Dwa miesiące... Pomyśl, co można zrobić przez ten czas. Wyjechać na fantastyczne wakacje. Znaleźć nową pracę i wdrożyć się w życie firmy. Zakochać się, spotykać, poznać się na tyle, żeby zdecydować o stałym związku. Schudnąć.

Właśnie dwa miesiące trwa program „Skuteczne Odchudzanie" w moim Centrum Treningu Osobistego i Dietetyki-Ego. To wystarcza, żeby pacjenci zaczęli się prawidłowo odżywiać, ćwiczyć i oraz pić wodę w odpowiednio dobranej przeze mnie ilości, poczuli się lepiej i zauważyli pierwsze zmiany w wyglądzie ciała. Po tym czasie ponownie badam skład ich ciała metodą bioimpedancji elektrycznej i zazwyczaj okazuje się, że następuje jego zmiana oraz redukcja masy ciała u kobiet średnio o 6–10 kg, zaś u mężczyzn 9–15 kg (nie niszcząc masy mięśniowej).

Zalecam wtedy kontynuowanie programu na własną rękę wg moich wskazówek i zazwyczaj okazuje się, że nikogo nie muszę już specjalnie przekonywać do zdrowego jedzenia i treningu. Po prostu pozytywne efekty czują na własnym ciele!

Bo właśnie o to mi chodzi – o przyjemność jedzenia i radość życia. Niespecjalnie się to kojarzy ze słowem dieta, prawda? Ale jeśli będziemy rozumieć dietę tak, jak wyjaśniłam na początku poradnika – jako styl życia – wszystko stanie się jasne.

Chciałabym, żeby zaproponowana przeze mnie metoda stała się dla was stylem życia. Niech priorytetem będzie wasze zdrowie. Smaczne, proste jedzenie, bogate w składniki odżywcze, zapewni wam dobre samopoczucie i siłę psychiczną. Przeszłością staną się ataki wilczego głodu. Odejdzie podenerwowanie i wyczerpanie, gdy wracacie do domu po dniu pracy. Miną migreny spowodowane odwodnieniem. Dawki endorfin zaczniecie szukać w sporcie, a nie w tabliczce czekolady. Znacznie zmniejszycie ryzyko zapadnięcia na choroby cywilizacyjne – nadciśnienie, nowotwory, miażdżycę, zawał, cukrzycę. I oczywiście w lustrze zobaczycie bardziej jędrne ciało i uśmiechniętą twarz. Zaraz – a gdzie się podziały worki pod oczami i zmarszczki?

Oczywiście nie będę was przekonywać, że zmiana stylu żywienia jest łatwą sprawą. Nieprzypadkowo przysłowie mówi, że przyzwyczajenie to druga natura człowieka. No właśnie, druga. Jestem głęboko przekonana, że gdzieś tam pod warstwą zmęczenia, nadmiernego tłuszczyku, kanapowego lenistwa kryje się taki człowiek, jakim zawsze chcieliście być – energiczny, pewny siebie, wysportowany. Podobno zmiana nawyków zajmuje tylko 21 dni – po tym czasie nowe zachowania wchodzą w krew. Zachęcam więc was do podjęcia tej próby. Pomoże w tym kilka sprawdzonych sposobów.

OCZYWIŚCIE, ŻE POTRAFISZ

Po pierwsze – przestańcie myśleć o odchudzaniu! Nic nie działa na motywację gorzej niż nerwowe myślenie: muszę schudnąć. Spoglądacie to na wagę (drugi dzień ani drgnie), to na kalendarz (urlop nad morzem już za miesiąc!) i fundujecie sobie dodatkowy stres, który prędzej czy później zajadacie czekoladą. Powstaje błędne koło. Nastawcie się więc raczej na myślenie o zdrowiu, o korzyściach, jakie osiągniecie nie tylko dzisiaj, ale i za kilkadziesiąt lat, o lepszym samopoczuciu na co dzień. Dajcie sobie czas – chudnięcie i zmiana składu ciała to proces. U niektórych trwa on kilka miesięcy, innym zajmuje ponad rok. Postarajcie się więc poczuć komfortowo w tej sytuacji, „wrzućcie na luz" i ani się obejrzycie, gdy efekty w postaci szczuplejszej sylwetki przyjdą same.

A oto kilka moich innych psychologicznych sztuczek.
1. Odpowiedz sobie na pytanie, dlaczego ważysz za dużo. Zazwyczaj przyczyną jest dodatki bilans energetyczny, a więc sytuacja, w której sporo jesz i mało się ruszasz. Czemu tak się dzieje? Czy zajadasz stres? Nerwy i niepowodzenia odreagowujesz smakołykami? A może obfite posiłki to tradycja w twojej rodzinie? Gotujesz tłuste potrawy, bo takie lubi twój mąż, a nie masz cierpliwości do przyrządzania dwóch obiadów (lub – co jest o wiele lepszym rozwiązaniem – przekonania małżonka do zdrowej diety)? Często zdarza się też, że nie chcesz wyrzucać pożywienia po domownikach, dlatego... wrzucasz je w siebie. Jeśli z kolei cierpisz na otyłość przy prawidłowej masie ciała, prawdopodobnie jesz zbyt rzadko lub w nieregularnych odstępach czasu. Co jest przyczy-

ną? Brak czasu na gotowanie? To, że wpadłaś lub wpadłeś w błędne koło „diet cud"? Czy też może w twojej pracy nie jest szanowane prawo do przerwy na posiłek. Zastanów się, przyjrzyj się swojemu stylowi życia, możesz notować swoje zachowania związane z jedzeniem. Kiedy ustalisz przyczynę otyłości, będzie ci dużo łatwiej rozprawić się z problemem.

2. Zdecyduj, dlaczego chcesz schudnąć.
Po to, żeby szałowo wyglądać w kostiumie kąpielowym w czasie urlopu albo sukni na sylwestra? Bez zadyszki podbiegać do autobusu i wchodzić po schodach na drugie piętro? Móc wreszcie kupować ubrania wymarzonej marki, której rozmiarówka kończy się niestety na rozmiarze 42? A może – tak, tak, panowie, wy tez macie takie problemy – żeby zrobić wrażenie na tej brunetce przy sąsiednim biurku, a przy okazji utrzeć nosa wysportowanemu menedżerowi z piętra wyżej?

Ale czy twoja motywacja to również zdrowie? Myślisz również o tym, że odpowiednio zbilansowane posiłki i ruch zapewnią ci przede wszystkim dobre samopoczucie fizyczne i psychiczne? Dobrze jest uświadomić sobie, że gdy zaczniesz zdrowo jeść, zyskasz też większą pewność siebie i zadowolenie. Może wtedy nawet okaże się, że rozmiarówka marki czy sympatie kapryśnej brunetki nie są aż tak ważne, jak ci się kiedyś wydawało.

Wyznacz sobie ponadto realny cel. Pamiętaj o czasie – gdy masz sporą nadwagę, nie zakładaj, że osiągniesz wymarzoną sylwetkę w ciągu miesiąca, ale daj sobie na to minimum pół roku. Stosuj metodę małych (ale ważnych) kroków. W pierwszym tygodniu twoim celem może być na przykład rewolucja w szafkach kuchennych, wyrzucenie słodyczy, a wstawienie na to miejsce kasz. W następnym nauczysz się je gotować i rozpoczniesz trening cardio. Po miesiącu będziesz przygotowywać pięć zdrowych posiłków dziennie i ćwiczyć cztery razy w tygodniu.

3. Gdy już wiesz, po co to robisz, umotywuj swoje postanowienia.

Zastosuj najprostszy sposób – wypisz na kartce powody, dla których chcesz zdrowo się odżywiać i/lub schudnąć. Niech to będzie strumień myśli – notuj wszystkie argumenty, które przyjdą ci do głowy: od wspomnianego urlopu w bikini po większą wydolność fizyczną, która pozwoli na wymarzone wędrówki górskie. Przy okazji może cię zaskoczyć to, jak wiele zyskasz dzięki zmianie sposobu odżywiania się. Skopiuj tę kartkę i noś ją przy sobie w torebce albo w portfelu, powieś na drzwiach lodówki czy szafki z jedzeniem, przyklej na lustrze w łazience. Za każdym razem, gdy na nią zerkniesz, umocnisz się w swoim postanowieniu. Jednocześnie miej świadomość, że w pewnym momencie przyjdzie kryzys (wyjaśniłam ci, jakie są jego fizjologiczne uwarunkowania – może też po prostu być tak, że zniechęcisz się brakiem szybkich efektów lub niechcianym złamaniem zasad diety). Przygotuj się na to – dbaj o relaks, rozładowuj napięcia przez sport, funduj sobie przyjemności. I minimalizuj ryzyko wpadki, na przykład noś przy sobie niskokaloryczną przekąskę w razie nagłego napadu głodu.

4. Kontroluj się!

Bądź świadom ilości spożywanego jedzenia. Skupiaj się tylko na posiłku – nie czytaj w tym czasie gazety, nie oglądaj telewizji, nie rozmawiaj przez telefon. Serwuj jedzenie na małych talerzach i nakładaj je tylko raz – dokładki sprawiają, że tracisz kontrolę nad wielkością porcji.

Jedz powoli, żeby wyczuć moment, w którym mózg daje ci sygnał, że organizm jest syty. Wtedy przestań. Nie bój się, że gdy zjesz mniej, dopadnie cię nagły głód. Po pierwsze, za trzy godziny znowu zjesz zdrowy, sycący posiłek. Po drugie, jeśli zgłodniejesz wcześniej, możesz zjeść białkowo-węglowodanową przekąskę, na przykład twarożek z owocami i otrębami. Dobrze jest też na początku odchudzania czy zmiany stylu żywienia prowadzić dzienniczek, w którym będziesz zapisywać wszystko – dosłownie każdy kęs i łyk – tego, co zjesz i wypijesz. Człowiek ma ogromną zdolność do samooszukiwania się, a w takiej sytuacji zobaczysz czarno na białym ewentualne odstępstwa od diety.

5. Uwierz w siebie!

Przypomnij sobie swoje wszystkie dotychczasowe sukcesy. Zapisz je. Nawet te pozornie tak oczywiste jak małżeństwo, dzieci, praca, mieszkanie, wykształcenie, prawo jazdy, umiejętność jazdy na rowerze czy też to, że udało ci się wyjechać na przyjemne wakacje. Dla ciebie to codzienność, ale czy wiesz, jak dużo ludzi tego nie ma? A skoro masz na swoim koncie tyle sukcesów, to czemu by nie dodać do nich jeszcze kolejnych – zdrowego stylu życia i zgrabnej sylwetki. Jeszcze raz przetestuj też swoją wewnętrzną motywację. Czy chcesz schudnąć, bo to dla ciebie wyraz troski o swój organizm, czy też czujesz, że musisz schudnąć, bo tego wymagają narzucone przez społeczeństwo kanony urody? Jeśli wybierasz pierwszą odpowiedź, jesteś na najlepszej drodze do sukcesu i masz w ręku wszystkie narzędzia, które pozwolą ci go osiągnąć!

MAŁE TRIKI

A PONADTO... **Wysypiaj się – uregulujesz w ten sposób poziom hormonów apetytu.**

Gdy jesteśmy niewyspani, jemy więcej i częściej, a co gorsza, wcale nie czujemy się specjalnie nasyceni po posiłku.

Za ten stan rzeczy odpowiadają hormony regulujące apetyt: grelina i leptyna. Grelina jest wytwarzana w żołądku, głównie wtedy, gdy nie ma w nim pożywienia. Sprawia, ze stajemy się głodni. Leptynę już znasz – jest produkowana głównie w komórkach tłuszczowych, przy wysokim jej stężeniu obniża się poziom insuliny we krwi, czujemy się nasyceni. Jeżeli nie dosypiasz, produkcja leptyny zostaje zahamowana, natomiast wytwarzane są duże ilości greliny. Nic dziwnego, że wciąż jesteśmy głodni, a szczególną ochotę mamy na produkty bogate w cukier. To tłumaczy nieustanną potrzebę sięgania w pracy po kolejny batonik, gdy na przykład zarwaliśmy noc, siedząc nad trudnym projektem. Zaledwie dwie nieprzespane noce potrafią zakłócić poziom hormonów apetytu. Dlatego lepiej nie wystawiać się na próbę i spać odpowiednio długo, zwłaszcza że sen – podobnie jak odpowiednio dobrane jedzenie – to zdrowie.

Jedz powoli.
Pochłanianie potraw bez opamiętania to nie jest najlepszy pomysł. Jeżeli jemy wolniej, spożywamy mniej produktów. Dlatego przygotowuj smaczne potrawy w mniejszej ilości. Delektuj się daniem, koncentruj na jego smaku, zapachu i wyglądzie. Dokładnie przeżuwaj każdy kęs. Specjaliści radzą, żeby robić to około 30 razy. Jeśli wydaje ci się to przesadą, spróbuj przynajmniej zachowywać odstęp

10 sekund pomiędzy kolejnymi kęsami. Pozwoli ci to niespieszne jeść posiłek, a leptynie da szansę na dostarczenie do mózgu w odpowiednim czasie informacji o sytości.

Jedz warzywa.

Tego chyba nie muszę tłumaczyć. Warzywa (oczywiście te bez majonezu) to spełniony sen o żywności, która nie tuczy. W dodatku są bogate w witaminy i składniki mineralne, a także tak smaczne i różnorodne, że każdy ma szanse wybrać ulubiony gatunek. Warzywa należy zjadać 4–5 razy dziennie, poranną porcję można wymienić na owoce. Dostarczają witamin i składników mineralnych, a ponadto błonnika, który reguluje perystaltykę jelit.

Pij odpowiednie napoje.

Jak już wiesz, powinniśmy wypijać dziennie 30–60 ml wody na kilogram masy ciała, nie mniej jednak niż 2,5 litra. Ale przecież pijemy nie tylko wodę, dlatego warto zwracać uwagę na to, czy pozostałe napoje nie podnoszą bilansu kalorycznego. Filiżanka cappuccino to około 60 kcal. 100 ml soku owocowego – około 40 kcal. To prawie tyle, ile należy dostarczyć w czasie jednego posiłku. Jakie jest rozwiązanie? Kawę posłodź ksylitolem lub stewią, zrezygnuj z podanego do niej herbatnika. Soki z kartonu zastąp herbatami owocowymi, a jeśli nie umiesz z nich zrezygnować, to przynajmniej rozcieńczaj je wodą. I bezwzględnie zrezygnuj ze słodzonych napojów w puszkach. Jedna porcja może zawierać nawet 3 łyżki stołowe cukru! Nie pij również w trakcie posiłku, bo rozcieńcza to soki żołądkowe i przyczynia się do zaburzenia procesów trawiennych. Kawę i herbatę pij w ilościach nie większych niż 2 szklanki dziennie i popijaj wodą – kawę dwukrotną objętością filiżanki, herbatę dodatkową szklanką. Polub zieloną herbatę, która działa oczyszczająco, bakteriobójczo, wzmacnia zęby, przeciwdziała schorzeniom wątroby, nerek i pęcherza moczowego. Obniża ciśnienie krwi i poziom złego cholesterolu. Nie dopijaj jednak kawy czy herbaty, które stały przez kilka godzin, bo tworzą się w nich szkodliwe substancje.

Alkohol tylko od święta.

Alkohol to zdecydowanie wróg szczupłej sylwetki. Nie dość, że zawiera aż 7,5 kcal w 1 g, to jeszcze nie dostarcza żadnych składników odżywczych. W dodatku sprawia, że hamulce pękają, łamiemy dietę i jemy więcej. Oczywiście są sytuacje, kiedy trudno odmówić np. lampki wina podczas spotkania z przyjaciółmi. Wtedy dobrze jest zadbać o to, by pić alkohol do wysokobiałkowego posiłku, a dodatkowe kalorie spalić na parkiecie lub urządzić sobie przyjemny spacer do domu. Ogranicz też palenie papierosów, a najlepiej rzuć je w ogóle. Zarówno bierne, jak i czynne palenie niszczy w organizmie witaminę C, która jest – jak wiesz – nieocenionym antyoksydantem. Dym z jednego papierosa niszczy aż 25 mg witaminy C.

Zdrowo doprawiaj posiłki.

Przyprawy, szczególnie te ostre, przyspieszają metabolizm nawet o 30%. Ponadto poprawiają smak potrawy, dzięki czemu nawet niewielka jej ilość sprawi ci przyjemność podczas posiłku. Zaproś więc do swojej kuchni majeranek, tymianek, bazylię czy oregano. Wykorzystuj je do zup, sałatek, zapiekanek, a także do przyprawiania mięsa. Pozwoli ci to również ograniczyć ilość soli, a to znacznie zmniejszy ryzyko wystąpienia nadciśnienia tętniczego. Sód sprzyja również otyłości, powoduje rozwój chorób serca, nerek czy skóry, zatrzymuje wodę w organizmie, przez co obciąża układ krążenia. Dzienne spożycie soli nie powinno przekraczać 6 g. Należy też uważać na glutaminian sodu – substancję dodawaną do potraw, by poprawić ich smak czy zapach. Jest ona silnym alergenem, ponadto może wywoływać bóle głowy lub napady duszności. Dużo glutaminianu sodu może znajdować się w wielu gotowych mieszankach przypraw, wędlinach, zupach z torebki, gotowych daniach. Dla własnego zdrowia lepiej zrezygnuj z tych produktów lub kontroluj skład tego, co kupujesz.

Nie podjadaj.
Chwile słabości zdarzają się każdemu. Uważaj jednak, by podjadanie między posiłkami nie stało się twoim zwyczajem. To, co może wydawać się drobiazgiem – kilka herbatników, chipsy, cukierek, miseczka prażynek – stanowi często kaloryczną równowartość jednego posiłku! A dodatkowo bardzo chętnie odkłada się w postaci tłuszczu w pasie. Uważaj więc na te tylko pozornie niegroźne przekąski. Jedzenie pięciu posiłków dziennie w regularnych odstępach i picie wody powinno wyeliminować ataki głodu. Po przekąski nierzadko sięgamy machinalnie, dlatego nie trzymaj na wierzchu słodyczy, chrupek, paluszków czy choćby najpiękniejszych owoców w misie na stole. I zapisuj skrupulatnie wszystko, co jesz, bo pozwoli ci to zidentyfikować winowajców dodatkowych kilogramów.

Doceń znaczenie liczby 100.

Czy wiesz, że spalanie dodatkowych 100 kcal dziennie pozwoli ci w ciągu roku schudnąć o ponad 5 kg? Aby stracić 1 kg masy tłuszczowej, trzeba zużyć 7500 kcal. To ogromna ilość, dlatego lepiej zdecydować się na systematyczne tracenie „setek". Wykorzystuj więc każdą okazję do ruchu. Nie musisz od razu uprawiać sportów wyczynowych, równowartość 100 kcal stanowi np. 8 minut biegu, 15 minut szybkiego spaceru lub rekreacyjnego pływania, 20 minut sprzątania lub... uprawiania seksu albo 40 minut robienia zakupów. To mały wysiłek, a czysty zysk – a raczej strata, choć tym razem mile widziana. Dodatkowo ćwiczenia aerobowe, które proponowałam ci w poprzednim rozdziale, sprawiają, że później mamy mniejszą ochotę na obfity posiłek.

Poczuj miętę.

Bezpośrednio po posiłku zjedz coś o miętowym smaku – zmniejszysz w ten sposób apetyt na dokładkę. Wypij miętową herbatkę, umyj zęby albo żuj bezcukrową gumę do żucia – byle niezbyt długo, bo wtedy pobudzasz wydzielanie soku żołądkowego.

Polub otręby.

To najbardziej wartościowa część ziarna zboża – jego osłonka zmielona na gruboziarnistą mąkę. Otręby pszenne, żytnie, orkiszowe czy też owsiane są bogate w witaminy A, E, mikro- i makroelementy, fosfor, wapń, potas i cynk. Zawierają mnóstwo błonnika, który reguluje przemianę materii i zapewnia uczucie sytości. Ponadto wspomagają leczenie chorób przewodu pokarmowego, takich jak rak żołądka, jelita grubego czy też przewlekłe zaparcia, a także obniżają zły cholesterol LDL i podwyższają dobry HDL. Możesz dodawać je do musli, sałatek, jogurtów, zup, sosów, twarożku czy też płatków owsianych przyrządzanych na śniadanie.

Ogranicz spożycie mleka krowiego.
Jest to mleko typu kazeinowego z dużą ilością laktozy, do którego strawienia są niezbędne enzymy, często zanikające z wiekiem. Wiele osób nie toleruje tego produktu. Dlatego wybieraj produkty mleczne fermentowane: jogurt naturalny, kefiry, zsiadłe mleko, twaróg, maślankę. Obecne w nich bakterie już częściowo strawiły laktozę, oszczędzając tym samym pracy naszemu układowi pokarmowemu. Dodatkowo takie produkty zawierają mikroorganizmy korzystne dla flory bakteryjnej ludzkiego organizmu, zwłaszcza kiedy jest on nadwyrężony kuracją antybiotykową.

Pożegnaj się z białą mąką.
To produkt rafinowany, pozbawiony witamin i soli mineralnych a przede wszystkim błonnika. Jest źródłem

pustych kalorii, a wytwarzane z niego produkty mają wysoki indeks glikemiczny. Dlatego postaw na chleb, naleśniki czy makarony wytwarzane z mąki z pełnego przemiału. Pieczywo kupuj w zaufanej piekarni i zawsze pytaj o rodzaj mąki, a nie sugeruj się brązowym kolorem produktów – wiele z nich jest po prostu barwionych karmelem.

Zamiast cukru...
...rafinowanego dodawaj do ciast stewię lub ksylitol, a do herbaty, kawy czy twarożku – odrobinę miodu pszczelego.

Piecz i gotuj...
...zamiast smażyć. Zainwestuj w naczynie żaroodporne lub do gotowania na parze, grilluj albo piecz mięso na ruszcie, w folii aluminiowej. Będzie mniej kalorycznie i smacznie, a przy tym wyeliminujesz użycie niezdrowych tłuszczów.

Postaw na naturalność.
O ile to możliwe, unikaj żywności ze sztucznymi dodatkami. Są one dodawane do jedzenia po to, żeby poprawić jego kolor, smak i zapach, a więc oszukać nasze zmysły. Niestety, wywołują też alergie. Nierzadko też po jakimś czasie okazywało się, ze syntetyczne substancje są rakotwórcze. Dlatego wybieraj jak najbardziej naturalne

produkty, pozbawione sztucznych barwników czy konserwantów. W sklepie czytaj etykiety z wymienionymi składnikami produktu. Pamiętaj też, że zaufany rolnik, który dostarczy ci warzywa, czy sprzedawca na bazarku może stanowić nieoceniony skarb.

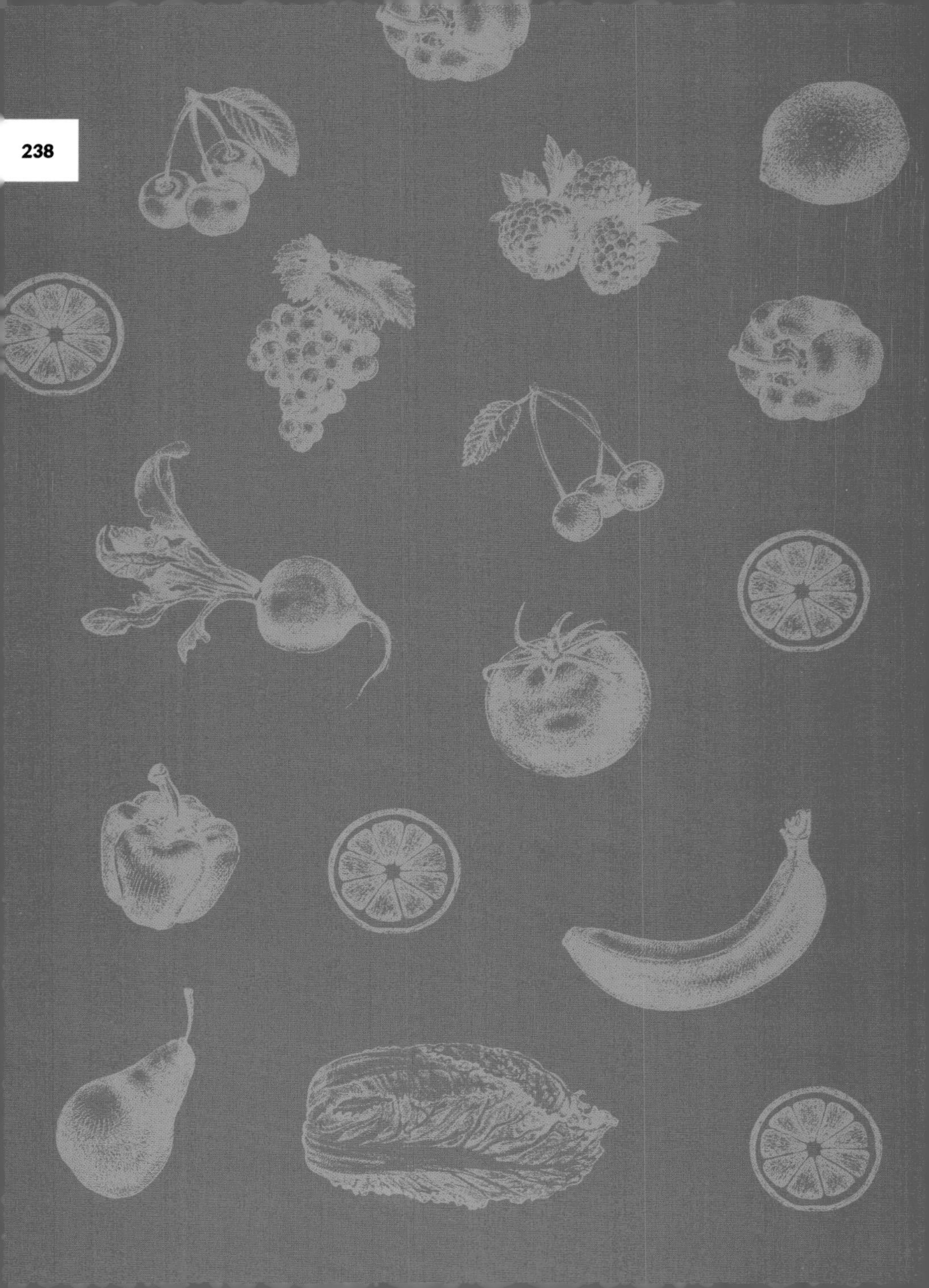

ROZDZIAŁ XII

PRZEPISY

25%

1 PORCJA
360 KCAL

58%

17%

PŁATKI OWSIANE Z TWAROŻKIEM I OWOCAMI

Składniki:

PŁATKI

- 3 łyżki płatków owsianych,
- 1 łyżeczka nasion dyni,
- 1 łyżeczka nasion słonecznika,
- 1 łyżeczka owoców suszonych (rodzynki, żurawina, morele, śliwki),`
- 1 łyżeczka siemienia lnianego.

TWAROŻEK

- 2 plastry sera twarogowego chudego,
- 2 łyżki jogurtu naturalnego,
- miód, cynamon do smaku.

Sposób przygotowania:

Płatki owsiane, nasiona dyni, nasiona słonecznika, siemię lniane i suszone owoce wymieszać razem i zalać wrzątkiem do poziomu przygotowanej mieszanki. Mieszankę przygotować zawsze wieczorem, żeby przez noc suszone produkty napęczniały wodą. Ser twarogowy zmiksować z jogurtem naturalnym, dodać ewentualnie miód i posypać cynamonem. Do tak przygotowanych płatków i twarożku dodać owoc (np. kiwi, pomarańczę, truskawki itp.)

23%

1 PORCJA
279 KCAL

58%

19%

PUDDING BIAŁKOWO-OWSIANY Z MALINAMI
(lub innymi owocami sezonowymi)

Składniki:

- 4 łyżki płatków owsianych,
- 1 szklanka jogurtu naturalnego (200 ml),
- 1 garść malin – świeżych lub mrożonych (100 g).

- 1/2 miarki izolatu białka serwatki,
- 1 płaska łyżeczka żelatyny,
- 50 ml wody,
- miód lub cukier brzozowy / stewia do smaku.

Sposób przygotowania:

Płatki owsiane zalać gorącą wodą, dodać miód/cukier brzozowy/stewię do smaku i pozostawić na około 20 minut do napęcznienia. Żelatynę rozpuścić w gorącej wodzie i ostudzić. Napęczniałe płatki wymieszać z jogurtem naturalnym, izolatem białka serwatki i malinami, dodać schłodzoną żelatynę (zanim zacznie tężeć), dokładnie wymieszać. Można ułożyć produkty warstwowo, tzn. na dno naczynia płatki, następnie owoce, na wierzchu polać jogurtem, który wcześniej został zmiksowany z izolatem białka serwatki oraz połączony z żelatyną wg przepisu na opakowaniu żelatyny. Tak przygotowaną masę wlać do miseczek i schłodzić w lodówce przez około 2 godziny.

Legenda do wykresów: tłuszcze białko ▆ węglowodany

28%

1 PORCJA
364 KCAL

52%

20%

NALEŚNIKI Z OTRĘBAMI, TWAROŻKIEM I OWOCAMI

Składniki:

NALEŚNIKI:
- 1 jajko,
- 3 łyżki mąki pszennej z pełnego przemiału,
- 1 łyżka mąki orkiszowej lub otrębów pszennych,
- woda,
- sól do smaku.

TWAROŻEK:
- 2 plastry sera twarogowego chudego,
- 2 łyżki jogurtu naturalnego,
- miód, cynamon do smaku.

Sposób przygotowania:

Naleśniki: Wszystkie składniki wrzucić do miski i dokładnie wymieszać, wody dodać tyle, aby konsystencja ciasta była płynna. Tak przygotowane ciasto smażyć na bezkalorycznym preparacie do smażenia w sprayu albo na beztłuszczowej patelni. Podawać z twarożkiem i 100 g owoców, najlepiej surowych (jabłka, pomarańcze, kiwi, mandarynki, brzoskwinie, jagody i inne).

Twarożek: Biały ser zmiksować z jogurtem naturalnym i stewią/cukrem brzozowym do smaku. Na porcję podawać 3–4 łyżki stołowe. Posypać na wierzchu cynamonem.

22%

1 PORCJA
384 KCAL

41%

37%

OMLET Z JOGURTEM I OWOCAMI / WARZYWAMI

Składniki:

- 2 jajka,
- 2 łyżki mąki żytniej,
- łyżka otrąb pszennych,
- 2 łyżki wody,
- sól do smaku,
- olej rzepakowy do posmarowania patelni.

Sposób przygotowania:

Jajka wbić do miseczki, dodać mąkę, wodę i sól. Ubijać mikserem do momentu, kiedy ciasto będzie pulchne. Na rozgrzaną patelnię posmarowaną olejem wlać ciasto. Po ok. 5 minutach obrócić omlet i przykryć pokrywką na kolejne 5 minut. Gotowy omlet zdjąć z patelni, polać jogurtem naturalnym i dodać świeże owoce lub warzywa.

Legenda do wykresów: ▇ tłuszcze ▇ białko ▇ węglowodany

PLACKI OWSIANE Z OWOCAMI

Składniki:

- 3 łyżki płatków owsianych,
- jajko,
- łyżka nasion,
- łyżka owoców suszonych,
- łyżka musu jabłkowego,
- cynamon,
- 1/2 miarki izolatu białka serwatki.

Sposób przygotowania:

Płatki owsiane z nasionami i rodzynkami zalać wrzątkiem, tak aby przykryć mieszankę wodą równo z wysokością płatków. Mieszankę przygotować najlepiej wieczorem. Tuż przed smażeniem/pieczeniem w piekarniku połączyć napęczniałą wodą mieszankę musli z jajkiem oraz pozostałymi składnikami. Sposób obróbki termicznej powinien być beztłuszczowy – zaleca się smażenie na bezkalorycznym preparacie do smażenia w sprayu albo na beztłuszczowej patelni. Można też wykorzystać do pieczenia placków gofrownicę lub piecyk.

ZAPIEKANKA JAJECZNA Z WARZYWAMI

Składniki (5 porcji):
- 10 jajek,
- warzywa wedle uznania: pieczarki, szpinak, włoszczyzna, mrożona marchewka pokrojona w kostkę, ewentualnie mieszankę tych warzyw (ok. 300–400 g),
- ryż gotowany (5 łyżek),
- sól i pieprz, papryka słodka, czosnek do smaku.

Sposób przygotowania:
Warzywa poddusić na niewielkiej ilości wody (pieczarki udusić). Połączyć z rozbitymi jajkami i ryżem, przyprawić do smaku, można dodać natkę pietruszki lub posiekany koper. Wylać do blaszki wyłożonej papierem do pieczenia/naczynia żaroodpornego i piec w piecyku przez około 20–25 minut w temperaturze 175°C.

Legenda do wykresów: tłuszcze białko węglowodany

43%   1 PORCJA 256 KCAL   37%

20%

MUFFINKI RAZOWE Z TWAROŻKIEM LUB KOKTAJLEM

Składniki (24 sztuki):

- szklanka mąki pszennej,
- szklanka otrębów pszennych,
- szklanka otrębów owsianych,
- 6 łyżek siemienia lnianego,
- 6 łyżek płatków owsianych,
- 8 jajek,
- szklanka jogurtu naturalnego,
- szklanka mleka,

- 5 łyżek oliwy z oliwek,
- łyżeczka proszku do pieczenia,
- płaska łyżeczka sody,
- szczypta soli.

Sposób przygotowania:

Białka oddzielić od żółtek. Do żółtek dodać mleko, jogurt i oliwę z oliwek – wymieszać. Wszystkie suche składniki wymieszać w osobnej misce i dodać do nich wymieszane składniki płynne – ponownie dokładnie wymieszać. Do białek dodać szczyptę soli i je ubić na sztywną pianę, przełożyć do powstałej masy i dokładnie wymieszać łyżką. Tak przygotowaną masę wykładać do foremek i piec w piecyku w temperaturze 175°C przez około 25–30 minut.

22%

1 PORCJA
380 KCAL   **57%**

21%

Serwować z:

OPCJA I • TWAROŻEK 1 PORCJA

- 2 plastry sera twarogowego chudego,
- 2 łyżki jogurtu naturalnego,
- łyżka posiekanego szczypiorku,
- 3 główki rzodkiewki,
- sól, pieprz, zioła do smaku.

Ser twarogowy zmiksować z jogurtem naturalnym, dodać posiekany szczypiorek i pokrojoną w kostkę rzodkiewkę, przyprawić do smaku solą pieprzem, ziołami.

OPCJA II • KOKTAJL

- 1/2 średniej wielkości banana (100 g),
- 1/2 łyżeczki pestek słonecznika,
- 1/2 łyżeczki siemienia lnianego,
- 200 ml maślanki naturalnej,
- 30 g chudego sera twarogowego.

Wszystkie składniki na koktajl wrzucić do blendera lub innego urządzenia rozdrabniającego i dokładnie wymieszać.

Legenda do wykresów: tłuszcze   białko   węglowodany

7%

1 PORCJA
376 KCAL

48%

45%

CIASTECZKA OWSIANE Z WIŚNIAMI

Składniki (10 porcji — 20 sztuk):
- szklanka otrąb pszennych,
- szklanka płatków owsianych,
- szklanka mąki pszennej,
- garść rodzynek,
- 1/2 szklanki pokrojonych wiśni,
- 2 szklanki esencjonalnego kompotu wiśniowego,
- szklanka oleju.

Sposób przygotowania:
Kompot wymieszaj z olejem i połącz z wymieszanymi uprzednio otrębami, płatkami i mąką. Do powstałej masy dodaj rodzynki i pokrojone wiśnie. Odstaw całość na godzinę, żeby zgęstniało (jeśli po godzinie masa wyda ci się niezbyt gęsta, możesz dosypać jeszcze trochę mąki). Masę nabieraj łyżką i kładź na papierze do pieczenia (w formie małych placuszków). Piecz w temperaturze 180°C, do zarumienienia.

SZASZŁYKI WOŁOWE Z RYŻEM MIESZANYM, SURÓWKĄ Z BIAŁEJ KAPUSTY I POMIDOREM

Składniki (4 porcje):
- 400 g chudego mięsa wołowego,
- papryka kolorowa,
- pieczarki,
- oliwa z oliwek,
- sól, pieprz do smaku,
- 8 patyczków do szaszłyków.

Sposób przygotowania:
Mięso pokroić na małe kawałki. Paprykę umyć, usunąć gniazda nasienne i pokroić w kwadraty. Pieczarki umyć. Wszystkie przygotowane składniki nadziewać na patyczki do szaszłyków, na koniec posmarować oliwą z oliwek, zawinąć w folię aluminiową i piec w temperaturze 180°C przez około 45 minut.

Legenda do wykresów: tłuszcze białko ▉ węglowodany

8%

27%

1 PORCJA
357 KCAL

70%

SZARLOTKA RAZOWA

Składniki (16 porcji):

CIASTO:
- 1,5 szklanki mąki pszennej,
- szklanka otrąb pszennych,
- szklanka otrąb owsianych,
- 1/3 szklanki płatków owsianych górskich,
- 3 jajka,
- 1/3 kostki margaryny,
- 1/3 szklanki oleju rzepakowego lub oliwy z oliwek,
- łyżeczka proszku do pieczenia.

NADZIENIE:
- 4 duże jabłka,
- 2 banany lub 2 gruszki,
- 3/4 szklanki rodzynek.

Sposób przygotowania:

Ciasto: Wszystkie składniki połączyć i zagnieść ciasto. Jeżeli składników nie uda się połączyć w jedną część i powstanie kruszonka, należy wyłożyć ją na całej powierzchni blachy i ugnieść.

Nadzienie: Jabłka umyć, banany obrać ze skórki i zetrzeć na tarce na dużych oczkach. Dodać rodzynki i ewentualnie cynamon do smaku.

Na wyłożone na blachę ciasto wyłożyć nadzienie i posypać 1 1/2 szklanki płatków owsianych górskich namoczonych w soku z ananasa lub innym. Piec około 1 godziny w temperaturze 175°C (do zarumienienia płatków).

Legenda do wykresów: tłuszcze białko węglowodany

26%

1 PORCJA
443 KCAL

52%

22%

ROLADKI Z PIERSI Z KURCZAKA Z KASZĄ PĘCZAK I SAŁATĄ LODOWĄ

Składniki (4 porcje):

ROLADKI:

- 2 piersi z kurczaka (4 połówki),
- 12 sztuk suszonych moreli,
- sok z cytryny,
- sól, pieprz, czerwona papryka do posypania.

SURÓWKA:

- 500 g marchwi,
- jabłko,
- garść pestek słonecznika,
- cytryna,
- 2 łyżki oleju lnianego.

Sposób przygotowania:

Na 1 roladkę potrzeba 1 połowki piersi z kurczaka. Należy je oczyścić, następnie ostrym nożem naciąć je wzdłuż (na 3/4 długości), po czym rozłożyć nacięty płat mięsa na płasko („tak jak otwiera się książkę"). Posolić, popieprzyć i skropić sokiem z cytryny. Na każdej piersi z kurczaka ułożyć po 3 suszone morele, po czym zwinąć w roladkę i posypać na wierzchu czerwoną papryką. Zawinąć w folię aluminiową i piec w parowniku ok. 40 minut w temperaturze 200°C. Po upieczeniu odwinąć z folii i pokroić w plastry.

GULASZ Z INDYKA Z KASZĄ PĘCZAK I BURACZKAMI

Składniki (4 porcje):

GULASZ:
- 400 g mięsa z udźca indyka,
- 100 g mrożonej włoszczyzny,
- 1/2 pokrojonej w paski papryki czerwonej,
- 6 pieczarek,
- 2 łyżki posiekanego koperku,
- ziele angielskie (2-3 ziarna), liść laurowy,

- sól, pieprz, czosnek, majeranek.

BURACZKI:
- 500 g buraków,
- sok z cytryny,
- cukier trzcinowy do smaku,
- łyżka drobno posiekanej natki pietruszki,
- 2 łyżki oliwy z oliwek.

Sposób przygotowania:

Zagotować wodę z przyprawami. Udziec z indyka pokroić w dużą kostkę, przyprawić solą, pieprzem, czosnkiem i majerankiem. Następnie poddusić na beztłuszczowej patelni, wrzucić do gotującej się wody i gotować do miękkości (ok. 30 minut). 15 minut przed końcem gotowania dodać włoszczyznę mrożoną, pokrojone w plastry pieczarki i paprykę pokrojoną w kostkę. Na końcu wrzucić do garnka posiekany koperek. Buraki ugotować, obrać i pokroić w niewielkie kawałki, doprawić sokiem z cytryny i cukrem, posypać natką i polać oliwą.

Legenda do wykresów: tłuszcze białko węglowodany

24%

1 PORCJA
373 KCAL

55%

21%

CIELĘCINA DUSZONA Z SUSZONYMI ŚLIWKAMI, KASZĄ GRYCZANĄ I SURÓWKĄ Z OGÓRKA I RZODKIEWKI

Składniki (4 porcje):
- 400 g cielęciny,
- 2 marchewki,
- 15 sztuk suszonych śliwek,
- łyżka rodzynek,
- łyżka posiekanej natki pietruszki,
- liść laurowy, tymianek, pieprz ziołowy, sól.

Sposób przygotowania:
Śliwki i rodzynki namoczyć. Mięso umyć, przyprawić solą, pieprzem ziołowym i włożyć do rondla, następnie podlać wodą i dodać umytą, obraną i pokrojoną w plasterki marchew. Namoczone śliwki pokroić w plastry i z rodzynkami dodać je do mięsa. Tak przygotowane mięso dusić pod przykryciem. Przed podaniem mięso podzielić na porcje.

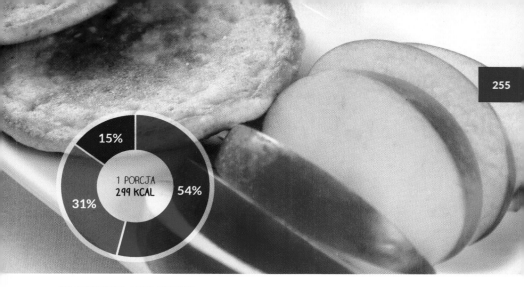

15%

1 PORCJA
299 KCAL

54%

31%

PLACUSZKI JABŁKOWE

Składniki (4 porcje):
- 400 g jabłek,
- 4 jajka,
- 70 g mąki pszennej,
- 70 g mąki razowej,
- 10 g otrąb pszennych,
- 300 ml wody mineralnej niegazowanej.

- łyżeczka cynamonu,
- łyżka miodu,
- 1/2 łyżeczki proszku do pieczenia,
- olej rzepakowy do smażenia.

Sposób przygotowania:
Jajka ubić mikserem, dodać mąkę pszenną, razową oraz otręby, dokładnie wymieszać, na końcu dodać wodę i ponownie wymieszać. Jabłka obrać, wydrążyć gniazda nasienne, pokroić w kostkę, następnie dodać je do masy razem z cynamonem, miodem i proszkiem do pieczenia i połączyć z masą. Placki smażyć na rozgrzanej, lekko natłuszczonej patelni do zarumienienia.

Legenda do wykresów: tłuszcze ▇ białko ▇ węglowodany

31%

29%

1 PORCJA
331 KCAL

40%

ROLADKI Z DORSZA Z RYŻEM I SURÓWKĄ Z MARCHEWKI

Składniki (4 porcje – 12 roladek):

ROLADKI:
- 6 mrożonych filetów z dorsza,
- sól morska i pieprz.

FARSZ ORZECHOWO-ŚLIW-KOWY:
- 2 łyżeczki masła klarowanego,
- łyżeczka brązowego cukru,
- 4 duże suszone śliwki,
- 1/2 szklanki grubo posiekanych orzechów włoskich,
- 1/3 szklanki rodzynek, namoczonych i odsączonych.

SOS WINNY Z GOŹDZIKAMI:
- łyżka oliwy z oliwek,
- mała cebulka,
- mały ząbek czosnku,
- 5 goździków,
- 3 listki laurowe,
- szklanka bulionu.

Sposób przygotowania:

Przygotować sos winny z goździkami: Do rondelka wlać łyżkę oliwy, dodać posiekaną cebulkę, czosnek liść laurowy i goździki. Dusić przez około 5 minut, nie rumieniąc. Dodać bulion i gotować przez około 5 minut, aż połowa sosu wyparuje. Odstawić z ognia.

Farsz orzechowo-bakaliowy: Na patelni rozgrzać łyżeczkę masła klarowanego, dodać cukier i orzechy. Smażyć przez ok. 3 minuty na małym ogniu, lekko rumieniąc. Dodać posiekane śliwki i odsączone rodzynki. Dodać drugą łyżeczkę masła klarowanego, wymieszać i smażyć przez ok. minutę.

Filety z dorsza: Rozmrozić, opłukać i dokładnie osuszyć, przekroić wzdłuż na pół. Każdą połówkę zwinąć w roladkę, pozostawiając około 2 cm dziurkę w środku, spiąć połówką wykałaczki. Roladki ustawić w naczyniu żaroodpornym wysmarowanym masłem równą stroną filetu do góry. Piekarnik nagrzać do 190°C. Środek roladek napełnić farszem. Całość polać sosem. Do naczynia z roladkami dodać listek laurowy i ewentualnie goździki (do dekoracji). Naczynie wstawić do nagrzanego piekarnika i piec około 15 minut, aż ryba będzie upieczona w środku.

Legenda do wykresów: █ tłuszcze białko węglowodany

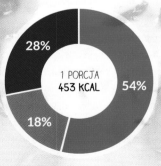

28%

1 PORCJA
453 KCAL

54%

18%

CANNELLONI Z NADZIENIEM SEROWYM I SOSEM MORELOWYM

Składniki (4 porcje):

FARSZ SEROWY:

- 500 g chudego sera twarogowego,
- 2 jajka,
- 2 łyżki oliwy z oliwek,
- 6 łyżek otrąb owsianych,
- 1/4 szklanki chudego mleka,
- 2 łyżeczki otartej skórki z cytryny,
- miąższ z jednej laski wanilii,
- łyżeczka miodu,
- szczypta soli.

CANNELLONI:

- 12–14 rurek makaronu cannelloni,
- 1/2 litra chudego mleka,
- 2 łyżki otrąb pszennych.

SOS MORELOWY:

- 1/2 kg moreli,
- 1/4 szklanki wody,
- 2 łyżki soku z cytryny,
- łyżeczka miodu.

Sposób przygotowania:

Farsz serowy: Białka oddzielić od żółtek i ubić je na sztywną pianę ze szczyptą soli. Żółtka jajek, ser twarogowy, otręby owsiane, mleko, oliwę, skórkę z cytryny, miąższ z laski wanilii i miód włożyć do naczynia i dokładnie ze sobą połączyć. Do powstałej masy dodać pianę ubitą z białek i delikatnie wymieszać. Cannelloni wypełnić farszem serowym wykorzystując w tym celu szprycę. Wypełnione rurki ułożyć obok siebie w naczyniu żaroodpornym. Zalać je mlekiem i posypać otrębami pszennymi, włożyć do piekarnika i piec w temperaturze 180°C przez około 35 minut.

Sos morelowy: wszystkie składniki sosu zmiksować.

Cannelloni podawać na ciepło polane sosem morelowym.

Legenda do wykresów: tłuszcze białko węglowodany

44% 1 PORCJA 108 KCAL 56%

LEGUMINA POMARAŃCZOWO-TWAROGOWA

Składniki (6 porcji):

- 500 g sera twarogowego chudego,
- szklanka świeżo wyciśniętego soku z pomarańczy,
- 1/4 szklanki wody mineralnej gazowanej,
- 2 łyżki miodu,
- laska wanilii,
- 3 łyżki żelatyny,
- 1/3 szklanki wody,
- 3 łyżki otartej skórki z pomarańczy,
- łyżka soku z cytryny,
- 2 łyżki płatków migdałowych.

Sposób przygotowania:

W 1/3 szklanki wrzącej wody rozpuścić żelatynę. Ser, miąższ z laski wanilii i wodę mineralną włożyć do miski i dokładnie wymieszać, następnie dodać do masy ostudzoną żelatynę i pozostałe składniki leguminy. Dokładnie wszystko wymieszać i pozostawić na dwie godziny do schłodzenia. Przed podaniem posypać płatkami migdałowymi.

SAŁATKA Z SERKIEM WIEJSKIM, POMIDOREM, SAŁATĄ LODOWĄ I JAJKIEM

Składniki (1 porcja):
- opakowanie serka wiejskiego (120 g),
- pomidor,
- 3–4 liście sałaty lodowej,
- jajko,
- sól, pieprz do smaku, bazylia, oregano itp.

Sposób przygotowania:
Jajko ugotować – pokroić na cząstki. Sałatę umyć i porwać na kawałki. Pomidora umyć i podzielić na cząstki. Na talerzyku ułożyć kawałki sałaty lodowej, na nią wyłożyć serek wiejski, pomidora i jajko. Przyprawić do smaku. Ewentualnie można do posiłku spożyć kromkę chleba razowego lub chrupkiego.

Legenda do wykresów: tłuszcze białko węglowodany

27%

41%

1 PORCJA
282 KCAL

32%

SAŁATKA Z BROKUŁÓW Z JAJKIEM I PIECZARKAMI

Składniki (1 porcja):

- 2 duże różyczki brokułów,
- 2 jajka,
- 5 pieczarek,
- 3–4 łyżki jogurtu naturalnego,
- sól, pieprz do smaku.

Sposób przygotowania:

Brokuły, jajka i pieczarki ugotować, ostudzić i pokroić w drobne cząstki. Wszystkie składniki dokładnie wymieszać. Dodać przyprawy do smaku i jogurt, ponownie dokładnie wymieszać. Do posiłku spożyć kromkę chleba razowego lub chrupkiego.

FASZEROWANE BAKŁAŻANY

Składniki (4 porcje):

- 2 bakłażany średniej wielkości,
- 100 g kaszy jęczmiennej perłowej,
- 2 cebule dymki,
- jajko,
- 1/2 pęczka natki pietruszki,

- 7 sztuk suszonych pomidorów odsączonych z oleju, w dużych kawałkach,
- 10 sztuk suszonych moreli,
- 2 łyżki soku z cytryny,
- sól, pieprz,
- garść migdałów.

Sposób przygotowania:

Bakłażany przekroić wzdłuż i wydrążyć łyżką miąższ, pozostawiając ścianki o grubości około 1 cm, miąższ zachować. Wydrążone połówki skropić sokiem z cytryny i lekko przyprawić solą i pieprzem. Suszone pomidory, morele, wydrążony miąższ, natkę pietruszki i migdały rozdrobnić w naczyniu miksującym na jednolitą masę. Kaszę jęczmienną perłową ugotować i ostudzić. Po ostudzeniu kaszę połączyć z rozdrobnionymi składnikami, jajkiem, cebulką, przyprawić solą i pieprzem i dokładnie wymieszać. Połówki bakłażana obficie wypełnić przygotowanym farszem, ułożyć je w natłuszczonym naczyniu żaroodpornym i zapiekać w piekarniku w temperaturze 200°C przez 30 minut.

Legenda do wykresów: tłuszcze białko węglowodany

28%

36%

1 PORCJA
392 KCAL

36%

SAŁATKA Z PIERSIĄ Z INDYKA

Składniki (4 porcje):

- 400 g piersi z indyka,
- 500 g zielonej papryki,
- jabłko,
- 2 małe cebule,
- 3 pomidory

SOS DO SAŁATKI:

- 5 łyżek oleju rzepakowego,
- 2 łyżki octu winnego,
- łyżeczka miodu,
- sól do smaku,
- słodka papryka do smaku.

Sposób przygotowania:

Pierś z indyka przyprawić według uznania i upiec beztłuszczowo, pokroić w paski. Paprykę pokroić w paski, ułożyć na talerzach. Cebulę i jabłko zblendować i wyłożyć na paprykę. Pomidory pokroić w ćwiartki i poukładać na sosie cebulowo-jabłkowym.

Sos: Wszystkie składniki sosu dokładnie wymieszać razem i polać sałatkę. Na tak przygotowanej sałatce ułożyć paski piersi z indyka. Podawać z pełnoziarnistym pieczywem.

20%

1 PORCJA
297 KCAL

51%

29%

KOTLET JAJECZNY

Składniki (10 porcji):

- 15 jajek ugotowanych na twardo,
- 3 jajka świeże,
- 50 g masła,
- duży pęczek kopru,
- szklanka otrąb owsianych lub pszennych,
- sól, pieprz,
- 150 ml jogurtu naturalnego.
- czerwona, słodka papryka sypka (do dekoracji).

Sposób przygotowania:

Gotowane na twardo jajka posiekać w drobną kostkę / zetrzeć na tarce, dodać otręby, przyprawy do smaku, wbić świeże jajka, dosypać pokrojonego drobno kopru. Całość rozmieszać z masłem. Formować farsz w kształcie kotletów. Wyłożyć na blachę, polać jogurtem, posypać czerwoną papryką. Piec w piekarniku ok. 25 minut w temperaturze 180°C. Kotlety jajeczne podawać z chrupkim pieczywem i warzywami sezonowymi.

Legenda do wykresów: tłuszcze białko ■ węglowodany

46% | 1 PORCJA 206 KCAL | 46%

8%

LEGUMINA ŁOSOSIOWO-TWAROGOWA

Składniki (6 porcji):

- 450 g odsączonego, rozdrobnionego łososia z puszki,
- małe opakowanie jogurtu naturalnego (150 g),
- 1/2 kostki sera twarogowego chudego (125 g),

- 2 łyżki soku z cytryny,
- łyżka octu winnego białego,
- łyżka posiekanego szczypiorku,
- łyżka żelatyny w proszku,
- szklanka gorącej wody (250 ml),
- 3 białka.

Sposób przygotowania:

Łososia, jogurt naturalny, ser twarogowy, sok z cytryny i ocet winny włożyć do miseczki i dokładnie zmiksować na jednolitą masę, następnie dodać posiekany szczypiorek. Żelatynę zalać gorącą wodą i energicznie mieszać, aż do jej całkowitego rozpuszczenia się. Do przygotowanej i schłodzonej żelatyny dodawać stopniowo masę łososiowo-twarogową i dokładnie wymieszać. Z białek ubić sztywną pianę i delikatnie połączyć ją z masą łososiowo-twarogową. Tak przygotowaną masę rozlać do salaterek, wstawić do lodówki i poczekać aż zastygnie. Podawać z pełnoziarnistym pieczywem.

FASZEROWANE PAPRYKI

Składniki (5 porcji):

- 300 g mięsa mielonego z udźca indyka,
- 50 g ryżu,
- 2 jajka,
- 30 g mrożonej włoszczyzny,
- sól i pieprz,

- słodka papryka, bazylia, oregano (zioła do smaku),
- 5 czerwonych papryk,
- 2 łyżki posiekanego koperku.

Sposób przygotowania:

Do miski włożyć mięso mielone, ugotowany ryż i mrożoną włoszczyznę, wbić jaja, dodać sól, pieprz i zioła, wszystko dokładnie wyrobić ręką. Odkroić wierzchy papryk, wykroić gniazda nasienne. Papryki nafaszerować masą mięsną. Ułożyć w natłuszczonym naczyniu żaroodpornym. Następnie włożyć do piekarnika i piec ok. 30–40 minut w temperaturze 180°C. Papryki podawać z pieczywem pełnoziarnistym.

Legenda do wykresów: tłuszcze białko węglowodany

KASZA JĘCZMIENNA PERŁOWA

Kasza jęczmienna perłowa jest naturalnym, pełnoziarnistym, bardzo wartościowym produktem otrzymywanym z najwyższej jakości ziarna jęczmienia. Otrzymuje się ją przez pocięcie pęczaku na duże cząstki, które poddaje się następnie obtoczeniu i polerowaniu. Gotowa kasza perłowa posiada cząstki zaokrąglone, o gładkiej powierzchni z połyskiem. Kasza jęczmienna perłowa jest smaczna, delikatna i lekkostrawna. Jedząc kasze dostarczamy organizmowi cenne białko roślinne, a także witaminy (głównie z grupy B) i składniki mineralne (żelazo, miedź, potas i fosfor).

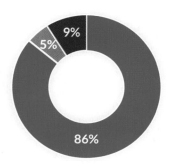

KASZA GRYCZANA

Kasza gryczana jest wytwarzana z gryki. Zawiera dużo białka, węglowodanów, składników mineralnych (wapń, żelazo, fosfor, potas i magnez) i witamin (B1 i PP). Białka tej kaszy są cenniejsze niż białka zbóż, a zbliżone wartością i strawnością do białek roślin strączkowych. W medycynie ludowej kasza gryczana podawana jest jako środek rozgrzewający, a także ograniczający zbyt obfite miesiączkowanie. Odwar po ugotowanej kaszy może być stosowany jako środek na zatrzymanie biegunki.

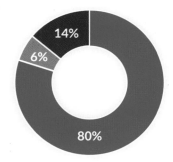

Legenda do wykresów: tłuszcze ■ białko ■ węglowodany

RYŻ BIAŁY

Ryż biały to nie odmiana uprawowa. Jest to ryż, którego ziarna, po zebraniu jasnobrunatne, zostały poddane obróbce mechanicznej w celu szybszego ich gotowania oraz zwiększeniu miękkości a także trwałości. To najbardziej popularna i najczęściej spożywana odmiana ryżu na świecie. Niestety poprzez obróbkę mechaniczną usuwa się część witamin i mikroelementów zawartych w łuskach. Ryż biały jest produktem bezglutenowym i lekkostrawnym.

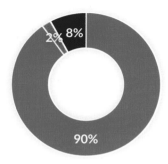

RYŻ BRĄZOWY

Ryż brązowy jest w porównaniu z ryżem białym dużo bogatszy w witaminy, składniki mineralne i błonnik, które znajdują się w zewnętrznej, nieusuniętej otoczce (zwanej srebrną łupinką). Ryż brązowy bogactwem witamin i wartości odżywczych przypomina kaszę jęczmienną. Jest on bardzo wolno trawiony przez organizm i daje poczucie sytości przez długi czas. Ma niski indeks glikemiczny. Jest wykorzystywany do regulowania poziomu cukru we krwi. W brązowym ryżu występują: tiamina, ryboflawina, niacyna, kwas pantotenowy, witamina B6, foliany, witamina E i witamina K. Brązowy ryż wymaga dłuższego czasu gotowania w porównaniu do ryżu białego.

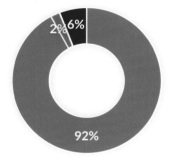

Legenda do wykresów: tłuszcze białko ■ węglowodany

ZAKOŃCZENIE

ZAKOŃCZENIE

Droga czytelniczko, drogi czytelniku. Chcę powiedzieć, że jestem z ciebie bardzo dumna. Za tobą lektura niełatwego miejscami poradnika i – mam nadzieję – pierwsze kroki ku nowej diecie. Być może zauważasz już efekty zdrowego odżywiania się i ruchu. Spójrz w lustro – gdzieś zniknęły uporczywe fałdki, pod skórą zarysowały się mięśnie. Zmniejszył się obwód bioder i brzucha. Skóra jest jędrniejsza i bardziej napięta. Twarz – pogodna. Twój organizm prawdopodobnie przywykł do regularnych posiłków i picia wody, dzięki czemu masz więcej energii. Powoli mijają migreny. Codzienna aktywność sprawia, że masz ochotę na jeszcze więcej ruchu. Czy mi się zdaje, czy może nie chce ci się już czekać na windę i częściej korzystasz ze schodów, a w drodze do pracy wysiadasz z autobusu przystanek wcześniej i idziesz piechotą?

To zmiany, które zauważysz tu i teraz, gołym okiem. O wiele większe cuda dzieją się jednak wewnątrz twojego ciała. Ciśnienie ustabilizowało się, a poziom cukru spadł. Metabolizm uregulował się, zmalała ilość tkanki tłuszczowej, za to odbudowują się mięśnie. To wszystko profity, jakie czerpiesz z nowej metody odżywiania się. Mogę cię jednak zapewnić, że to nie koniec. Gdy zdecydujesz się odżywiać się w ten sposób na stałe, znacznie zmniejszy się twoja podatność na choroby cywilizacyjne, a także na zwykłe, sezonowe infekcje. Jeśli dotąd początek jesieni kojarzył ci się z kupnem całego zestawu leków przeciwgorączkowych, syropów na kaszel i pastylek od bólu gardła, to mam dobrą wiadomość. Teraz będziesz myśleć wyłącznie o tym, jak przyjemnie jest maszerować we wciąż ciepłych promieniach słońca. Lekarstwo na wszelkie infekcje, ale też na poważniejsze choroby czy nawet na zmęczenie albo brak sił aplikujesz sobie bowiem codziennie. Wystarczy, że troszczysz się o dobrze zbilansowane posiłki, przygotowywane ze zdrowych, nieprzetworzonych potraw.

Pewnie udało ci się też zauważyć, że przyjemnością stało się samo gotowanie. Kasze, ciemny ryż, przyprawy, smaczne, chude mięsa – potrafią oczarować bogactwem smaków, być może nieodkrytych przez ciebie wcześniej. Zajrzyj koniecznie do książki kucharskiej na końcu tego poradnika – zawarłam tam wiele pomysłów na oryginalne, zdrowe dania. Są one najlepszą, najpewniejszą i niedającą żadnych skutków ubocznych – poza utratą kilku kilogramów i promiennym wyglądem – terapią. Dlatego zachęcam cię gorąco, by zdecydować się na stałe przyjąć proponowaną przeze mnie dietę. Pamiętaj – jedzenie to leczenie!

O CENTRUM EGO

Wszystkich, którzy chcieliby dowiedzieć się więcej na temat zastosowania mojej metody żywienia w indywidualnym przypadku, a także przystąpić do programu „Skuteczne Odchudzanie z Aronią", zapraszam do prowadzonego przez mnie Centrum Treningu Osobistego i Dietetyki – EGO. Program prowadzę pod patronatem naukowym prof. dr hab. Iwony Wawer z Warszawskiego Uniwersytetu Medycznego. Program został pozytywnie zaopiniowany przez Komisję Bioetyczną przy Warszawskim Uniwersytecie Medycznym. Wsparcie w postaci soku z aronii, jaki bezpłatnie przez dwa miesiące otrzymują moi pacjenci, zapewnia firma VIN-KON SA z Konina. W tym miejscu chcę serdecznie za to podziękować zarządowi firmy VIN-KON SA.

Program „Skuteczne Odchudzanie" trwa dwa miesiące. Wiele osób decyduje się na uczestnictwo w nim, aby nauczyć się przyrządzania potraw, regularności w spożywaniu posiłków oraz podnieść wydolność fizyczną. Po tym okresie już sami kontynuują dietę. Można też zdecydować się na konsultację u mnie, nie uczestnicząc w programie. Wtedy po badaniu składu ciała indywidualnie układam dietę, a wyniki monitoruję podczas kolejnych, comiesięcznych wizyt. Przyjmuję chętnych z całej Polski – wystarczy przyjeżdżać do Warszawy na konsultacje, a poza tym kontaktować się ze mną mailowo lub telefonicznie.

Wielkim sukcesem jest dla mnie zadowolenie każdego pacjenta. Mam wtedy świadomość, że przede mną siedzi kolejna osoba, którą nauczyłam smacznie jeść i troszczyć się o siebie, pokazałam, jak przyjemny jest sport, a przede wszystkim wytyczyłam drogę, którą będzie szła przez następne lata i dziesięciolecia. Drogę do zdrowia.

BIBLIOGRAFIA:

- Błecha K., Wawer I., *Profilaktyka zdrowotna i fitoterapia*, Wydawnictwo Bonimed, Żywiec 2011

- De Lorenzo A., Martinoli R., Vaia F., Di Renzo L., *Normal Weight Obese (NWO) Women: An Evaluation of a Candidate New Syndrome* [w:] *Nutrition, Metabolism & Cardiovascular Diseases* (2006) 16, s. 513–523

- Di Renzo L., Del Gobbo V., Bigioni M., Premrov M.G., Cianci R., De Lorenzo A., *Body Composition Analyses in Normal Weight Obese Women* [w:] *European Review for Medical and Pharmacological Sciences* (2006) 10, s. 191–196

- *Identyfikacja osób z otyłością oraz zaburzeniami węglowodanowymi i lipidowymi* [w:] *Leczenie otyłości i towarzyszących zaburzeń metabolicznych.* Pod red. Gilis-Januszewskiej A., Gołąb G., Piwońskiej-Solskiej B., Suder J., Szurkowskiej M., Szybińskiego Z., Wydawnictwo Medyczne, Kraków 2007, s. 17–19

- Jarosz M., Bułhak-Jachymczyk B., *Normy żywienia człowieka*, Wydawnictwa Lekarskie PZWL, Warszawa 2008

- Kunachowicz H., Nadolna I., Przygoda B., Iwanow K., *Tabele składu i wartości odżywczej żywności*, PZWL, Warszawa 2005

- Kunachowicz H., Nadolna I., Iwanow K., Przygoda B., *Wartość odżywcza wybranych produktów spożywczych i typowych potraw*, Wydawnictwo Lekarskie, Warszawa 2012

- Lewitt A., Brzęczek K., Krupienicz A., *Interwencje żywieniowe w leczeniu anoreksji - wskazówki dietetyczne* [w:] *Endokrynologia, Otyłość i Zaburzenia Przemiany Materii*, tom 4, nr 3/2008, s. 128–136

- Lewitt A., Mądro E., Krupienicz A., *Podstawy teoretyczne i zastosowania analizy impedancji bioelektrycznej* [w:] *Endokrynologia, Otyłość, Zaburzenia Przemiany Materii*, tom 3, nr 4/2007, s. 79–84

- Lewitt A., Rosołowska-Huszcz D., Kozłowska L., *Żywieniowe i antropometryczne czynniki determinujące skuteczność terapii dietetycznej nadwagi i otyłości* [w:] *Nowiny Lekarskie* 2006, 75, 6, s. 543–546

- Lewitt-Dziełak A., Krasuski K., Temczuk R., Krupienicz A., *Leczenie nadciśnienia i otyłości u kobiet metodą ćwiczeń aerobowych i indywidualnie zbilansowanej diety - badania pilotażowe* [w:] Medycyna Rodzinna 2012, nr 1, s. 3–9

- Peters A., *Samolubny mózg. Dlaczego diety nie działają*, Wydawnictwo Naukowe PWN, Warszawa 2012

- Plewa M., Markiewicz A., *Aktywność fizyczna w profilaktyce i leczeniu otyłości. Endokrynologia, otyłość i zaburzenia przemiany materii*, 2006; 2; 1, s. 30–37

- *Podstawy nauki o żywieniu człowieka. Przewodnik do ćwiczeń.* Pod red. W. Roszkowskiego, Wydawnictwo SGGW, Warszawa 2005

- Rosołowska-Huszcz D., *Żywienie a regulacja hormonalna. Wybrane zagadnienia*, Wydawnictwo SGGW, Warszawa 2005

- Wang Z., Ying Z., Bosy-Westphal A., Zhang J., Schautz B., Later W., Heymsfield S.B., Müller M.J., *Specific Metabolic Rates of Major Organs and Tissues Across Adulthood: Evaluation by Mechanistic Model of Resting Energy Expenditure*, Am J Clin Nutr 2010, 92, s. 1369–77

- Wawer I., *Suplementy dla Ciebie. Jak nie stać się pacjentem*, Wydawnictwo Wektor, Warszawa 2009

- Włodarek D., *Dietetyka*, Format- AB, Warszawa 2005

- Zdrojewski T., Bandosz P., Szpakowski P. i inni, *Rozpowszechnienie głównych czynników ryzyka chorób układu sercowo-naczyniowego w Polsce*, Wyniki badania Natpol Plus. Kard Pol 2004, 61 (supl. IV): IV 1 – IV 26

- *Żywienie człowieka. Podstawy nauki o żywieniu.* Pod red. J. Gawęckiego i L. Hryniewieckiego, Wydawnictwo Naukowe PWN, Warszawa 2003

INDEKS SKŁADNIKÓW POTRAW

bakłażany 263
banan 247, 251
brokuły 262
buraki 253
cebula 257, 264
cebula dymka 263
ciecierzyca 254
cielęcina 254
cukier brązowy 257
cukier brzozowy 241
cukier trzcinowy 253
cynamon 240, 242, 244, 255
cytryna 252
czosnek 245, 253, 257
filety z dorsza 257
groszek zielony 254
gruszka 251
izolat białka serwatki 241, 244
jabłko 251, 252, 255, 264
jajko 242, 243, 244, 245, 246, 251, 255, 259, 261, 262, 263, 265, 266, 267
jogurt naturalny 240, 241, 242, 246, 247, 252, 265, 266
kapusta pekińska 254
kasza gryczana 269
kasza jęczmienna perłowa 263, 269
kasza pęczak 252
koper 265
koperek 253, 254, 267
łosoś 266
makaron cannelloni 259
maliny 241
marchewka 245, 252, 254
margaryna 251
masło 257, 265

maślanka 247
mąka orkiszowa 242
mąka pszenna 242, 246, 248, 251, 255
mąka razowa 255
mąka żytnia 243
mięso wołowe 249
mięso z indyka 253, 264, 267
mięso z kurczaka 252
migdały 263
miód 240, 241, 242, 255, 259, 260, 264
mleko 246, 259
morele suszone 240, 252, 259, 263
mus jabłkowy 244
nasiona dyni 240
natka pietruszki 253, 254, 263
ocet winny 264, 266
olej lniany 252
olej rzepakowy 251, 255, 264
oliwa z oliwek 246, 249, 251, 253, 254, 257, 259
orzechy włoskie 257
otręby owsiane 246, 251, 259, 265
otręby pszenne 242, 243, 246, 248, 251, 255, 259, 265
owoce suszone 240, 244
papryka czerwona 249, 253, 254, 267
papryka zielona 249, 264
pieczarki 245, 249, 253, 262
płatki migdałowe 260
płatki owsiane 240, 241, 244, 246, 248, 251

pomidor 261, 264
pomidor suszony 263
rodzynki 240, 248, 251, 254, 257
ryż biały 245, 267, 271
ryż brązowy 271
rzodkiewka 247
sałata lodowa 261
ser twarogowy 240, 242, 247, 259, 260, 266
serek wiejski 261
siemię lniane 240, 246, 247
słonecznik 240, 247, 252
sok z cytryny 252, 253, 259, 260, 263, 266
sok z pomarańczy 260
stewia 241
szczypiorek 247, 266
szpinak 245
śliwki suszone 240, 254, 257
wanilia 259, 260
wiśnie 248
włoszczyzna 245, 253, 267
woda mineralna 255, 260
żelatyna 241, 260, 266
żurawina 240